JN089751

Jacques DERRIDA

思考すること、それはノンと言うことである

初期ソルボンヌ講義

ジャック・デリダ　松田智裕 訳

Penser, c'est dire non

青土社

目次

凡例

・本書は、Jacques Derrida, *Penser, c'est dire non*, édition établie par Brieuc Gérard, Paris, Seuil, 2022 の全訳である。

・原文の注はすべて編者による注であり、（1）、（2）、（3）……という番号で表す。

・訳者による注は、（a）、（b）、（c）……という番号で表す。

・本文中の（ ）は原文と同じように用いる。

・本文中の［ ］は編者による挿入を表すものとして用いる。ただし、引用文中の［ ］はデリダによる挿入を表すものとして用いる。

・〔 〕は、訳者による補足を表す。

・〈 〉は、原文中で大文字にされている語句である。ただし「神」のような語句については、煩雑さを避けるためにいちいち〈 〉で括ることはしていない。

・その他の記号（«↕»、«＝»、«≠»など）は基本的に原書の表記にしたがう。ただし、これらの記号についても意味内容が明確であると判断された場合には、読みやすさを考慮して、記号で表記せずにあえて日本語で訳した場合もある。

・原文のイタリック体による強調は傍点で示す。ただし、原文ではアランやベルクソンなど、デリダが読解している哲学者の術語がイタリックで示されることもあり、煩雑さを避けるため、単に術語であることを示すためのイタリックであると判断された場合には、「　」で示している。

・理解の助けになるよう、適宜カタカナでルビを付した。

・すでに日本語訳があるものについては、可能なかぎり既訳を参照して該当頁数を示したが、翻訳にあたって前後の文脈を考慮して、訳文を変更した箇所もあることをお断りしておく。

編者序文——ウィノン

この講義「思考すること、それはノンと言うことである」は、一九六〇―一九六一年度にソルボンヌ大学で、ジャック・デリダによって行われた。デリダはソルボンヌで四年のあいだ、ジョルジュ・カンギレムやシュザンヌ・バシュラール、ジャン・ヴァール、ポール・リクールといった教員たちのもとで一般哲学・論理学講座の助手を務めていた。『カイエ・ドゥ・レルヌ』誌に掲載された、リクールを讃えて書かれたテクスト[1]のなかでデリダが振り返っているように、そこで彼は授業の主題や指導計画に関して完全な自主性に恵まれていた。だが、彼が高等師範学校の職に就いた一九六四年に、状況は一変する。そこで彼は毎年、哲学の高等教育資格取得試験（アグレガシオン）のプログラムに従わなければならなかったのだ。後にデリダは、相当量の作業負担があったにもかかわらず、ソルボンヌで過ごした期間について、高等教育における自分のキャリアのなかでもっとも幸福なものだったと語っている。[2]この教育期間中に書かれたものは、今日にいたるまでまだ刊行されていないが、きわめて多岐にわたる主題を扱っている。

デリダが「「思考すること、それはノンと言うことである」という」アランの一節――この一節は本書のタイトルにもなっている――をめぐって四回の授業を行ったのも、こうした職務の一環としてであった。とはいえ、日付が記載されていないため、この授業が当該年度のどの期間に行われたのかを知るのは難しい。そうした不確かさがあるとはいえ、ある資料上の要素がこの講義を当時の状況のなかに根付かせている。草稿が書かれた用紙のレターヘッドには、「文学・社会科学部[a]。植民地化の歴史〔Faculté des lettres et sciences sociales. Histoire de la colonisation〕[3]」と記載されている。これは、この哲学者が生まれたアルジェリアで動乱があった年にこの講義が行われていたこと――その翌年の一九六二年にアルジェリアは独立を勝ちとる――を思い起こさせる。さらにデリダは、同じレターヘッドをもつ用紙をエトムント・フッサールの『幾何学の起源』の序文執筆のために用いており、一九六一年七月にはその翻訳と序文の執筆を仕上げている。

本書『思考すること、それはノンと言うことである』は、講義のためにデリダが手書きで書いたテクストであり、今日までまったく刊行されてはおらず、また出版の計画もなかった。しかし、一九六三年の「力と意味作用[4]」がデリダによって発表された最初のテクストであったとすれば、

(1) Jacques Derrida, « La parole. Donner, nommer, appeler », dans *Paul Ricœur. Cahiers de L'Herne*, Paris, L'Herne, 2004, p. 21.

(2) Jacques Derrida, « Discours de réception de la Légion d'honneur », inédit, archives IMEC, cote 219DRR/253/5, 1992.

(3) ソルボンヌの「植民地化の歴史」講座は一九六一年に廃止されている。この講座を担当していたのは、ジャーナリストであり歴史家であったシャルル＝アンドレ・ジュリアン（一八九一―一九九一）である。*La Construction du discours colonial : l'empire français aux XIX*e *et XX*e *siècles*, Oissila Saaïdia et Laurick Zerbini (dir.), Paris, Karthala Éditions, 2009, p. 48 を参照。

本書は今日、デリダのコーパスのなかで最初期のテクストになる。

＊＊＊

ウィとノン。デリダの思想にとって重要な、このふたつの「小さな語」がデリダの書物の前面に登場するのは、フランスにおいて思想が沸きたっていた一九六〇年代である。その間にこの哲学者は、ウィとノンの差異、そしてこのペアが呼び起こすさまざまな問題にたえず立ち戻ろうとしていた。こう形容してよければ、これらふたつの言葉のあいだの緊張――というのも、デリダが別のところで喚起しているように、これらの小さな語がなにを意味し、それらが言語のなかでどう働いているかを、わたしたちはおそらくまだ知らないのだから[5]――はそれゆえ、脱構築の重要な概念装置であるのに加え、教務についたばかりのデリダにとって重要な教育上の、そして修辞上の支えでもあった。一九五九―一九六〇年度、彼がル・マンのモンテスキュー高校で教えていたときにはすでに、デリダは沈黙の否定性という問題とともに、ノンと言うことではなく、なにも言わないこと〔le dire rien〕を問うている。一九六一―一九六二年度にデリダは、問題を拡げて「仮象とはなにか[b]」という別の問いをつうじて、「思考すること、それはノンと言うことである」のために引き合いにだしたのと同じ哲学者たちに依拠し、とりわけ〔ノンとは〕異なる否定性の形式、つまり仮象という形式を考察している。彼は、一九六三―一九六四年度にベルクソンと無の観念についての講義、(c) そしてサルトルにおける否定と無の起源を改めて取りあげた「反駁の起源」と題する講義を行いふたたびノンの問題に立ち戻る。しかし、彼がとくにノンの問題に立ち戻ったのは、一九六二―一九六三年度の「有限性にウィと言うことはできるか」という全六回の講義である。そこでデリダは学生たちに対して、小論文のなかで「有限性」という言葉の虜になるあまり、この言葉が「ウィ」の問いのなかに挿入されていること、そしてその問いが有限性に「ウィと言うこと」――あるいはノンと言うこと――の可能性でもあることを覆い隠す結果になってしまっていると指摘している。もちろん、これらの年のあいだに、言語活動としての「語ること〔dire〕」の批判も行われている。一九六一―一九六二年度の「直観」についての講義のなかで、デリダは哲学者について次のように語っている。哲学者とは「おそらくは発話のなん

（4）Jacques Derrida, « Force et signification », *Critique*, n°s 193-194, juin-juillet 1963. Republié dans *L'Écriture et la différence*, Paris, Seuil, 1967, p. 9-49〔ジャック・デリダ「力と意味作用」、『エクリチュールと差異〈改訳版〉』谷口博史訳、法政大学出版局、二〇一三年、三―六三頁〕.

（5）Jacques Derrida, *Ulysse gramophone*, Paris, Galilée, 1987, p. 86〔ジャック・デリダ『ユリシーズ・グラモフォン――ジョイスに寄せるふたこと』合田正人・中真生訳、法政大学出版局、二〇〇一年、九八頁〕.

らかの命令〔impératif〕を聴きとったひとであり、その命令とはつまり、意味を与えると同時に自らを意味に一致させるために語るという義務であり、意味を尊重することで発話の義務を発話への権利のなかに基礎づけるという義務である」[6]。

後の多くのセミネールと同じく、そして断片的なメモ書きしか残されていない同時期の多数の講義とは違い、「思考すること、それはノンと言うことである」は学生たちの前で読みあげるまえに、デリダによって完全に作成されたものである。数々の補足記号や訂正線、さまざまな色のインクで書かれた修正は、彼がこの草稿を読み返しては見直した過程を表しており、その作業をデリダは生涯にわたって続けることになる。さらに即興での解説を介した教育上の実践も見られ、その場の解説が必要な場面が（「辛抱づよく注釈する」という）ト書きで指示されている。また本書は、生徒たちの小論文を添削するために行われたものでもあったという特徴をもっている。デリダはあるところで「みなさんの小論文（ディセルタシオン）では、みなさんがあまりにしばしば否定の対象となりうるものに心を奪われ、意識がなににノンと言うのかを列挙しているように見受けられます」[7]と語っている。最後に、この講義の資料上の特徴として、この講義がまったくの手書きで作成された点も挙げられる。周知のとおり、デリダの文字は判読が難しく、これは編集上の大きな障害であった。今日、出版するにいたったこの計画は、いずれこのテクストが全体として、あるいはその全体を考慮して、解読されるだろうという確信のないままはじまった。その作業進行は数年にわたり、スクラブル〔Scrabble〕のようなソフトウェアも使用しながらさまざまな解読の戦略を必要とした。そして現在まで、デリダの手書きによる一五〇〇以上の単語を数えるデータベースを作成することになったのである。こうした努力にもかかわらず、熟達した注意深い観察の眼を拒むような判読不能な箇所が各所に残っている。そうした箇所は、テクストの読解や理解を妨げないよう〔判読不能な語〕で文中に示したが、いつかそれらが明らかになる日が来ることを願っている。

本書は、この講義の草稿原本をデータ化した資料にもとづいて作成されたものである。この草稿はカルフォルニア大学アーヴァイン校図書館・批判理論アーカイヴ〔Critical Theory Archive〕にあるジャック・デリダ寄贈資料[8]と、現代出版記憶保存館〔IMEC〕[d]のデリダ寄贈資料に保管されている。全四回のテクストには、一〇九頁におよぶデリダの手書き草稿が含まれている。それに加えて、約二〇枚の補足資料があり、そこには手書きのメモや、彼が講義で言及した著者たちからの引用が記されている。それらの補足資料も本書の最後に付録として掲載している。わたし

(6) Jacques Derrida, « L'intuition », inédit, archives IMEC, 1961-1962, p. 2.
(7) 本書四三頁を参照。
(8) 草稿原本は、ジャック・デリダ寄贈資料の四番ボックス、一六番フォルダに保管されている。

たちは可能なかぎり、原本の頁づけを維持するよう努めた。草稿に見られるいくつかの記号〔訂正線、矢印、強調を示す図示記号など〕は読みやすさを考慮して、今回の版には含めなかった。とはいえ、これらの記号は適切さを考慮して、ページ下部〔本訳書では小口〕に注で示した場合もある。読者諸賢はそうした不在を、プリンストン大学のデリダ・アーカイヴ・プロジェクトをつうじて原本を閲覧しながら補うこともできるだろう。

***

『思考すること、それはノンと言うことである』は基本的に、哲学者のアラン〔一八六八―一九五一〕の〔「思考すること、それはノンと言うことである」という〕一節の脱構築に取り組んでいる。衝撃的ではないにしても挑発的なこの一節をつうじて、デリダが関心をもつのは、自信に満ちた反ファシストで平和主義者であったアランの思想の徹底的な冷徹さである。アランの哲学は「プロポ」という特異な文芸ジャンルによって特徴づけられ、それは日常にかかわる反省と同時に鋭利な哲学的命題からなる数々の思考の断片である。デリダのコーパスには、アランに言及した箇所はほとんどない。それに対して、『思考すること、それはノンと言うことである』では、のちにデリダが読む、あるいは読み直し続けるであろう他の数々の著者たちも含めて参照がなされている。さらに、このテクストがのちに「脱構築」と呼ばれることになるものを創設したテクスト以前のものだとしても、ここで提示されているのは依然として、アランの一節に関するデリダの読解である。そこでデリダがもっぱら明らかにしようとしているのは、ノンやウィと言われるときに、あるいは思考することはノンと言うことだと言われるときに、この一節を動機づけ、語られていること（そして語られていないこと）の矛盾と戯れるようなあらゆる緊張である。まずデリダはアランの意図の数々を説明し、そのうえでそれを乗り越えようとする。そうすることによって、彼はソルボンヌ大学の学生たちに対し、彼／彼女たちがあらかじめ取り組まねばならなかった小論文のプランの道筋を描く。それゆえ、この草稿は「添削」のためのものであり、課題のなかで学生たちが躓いた点をデリダが指摘する場面からもその様子が窺える。したがって本書における方法の実践は、形式面では教育の秩序に属するとともに、内容面では豊富な論理学者たちを経由したものであることが理解されるだろう。

ウィとノンは、単なる二項のペアではなく、思考するという作用についての根本的で根源的な問題として提示されている。実際、デリダが講義で出発するのは、「思考とはなにか」という問いである。アランにとって思考を動機づけ、それを呼び覚ますものとは、安寧を、おのれ自身との合致を、世界とのなんらかの和解を探し求めることであり、それは最終的な肯定の探究、つまり真理の探究を経由する。ウィと言おうとすることで、そして「はい、これは然々です」と語ろうとすることで、思考は最終的な目的地へと向かい、まさにそれゆえにおのれ自身へと赴く。そのとき、思考は探究を手放し、眠りのなかで、それも信念という眠りのなかで、おのれ自身を放棄する。そのため、思考は真理への途上においてしか思考ではない。思考は、それを真理へと導くような運動のなかで、それゆえ否定性の力のなかで生まれる。だからこそ、アランは思考することがノンと言うことだと述べるのだ。そのため、ウィとノンの見かけの対立は、次のような起源と優位性の問いによってまさに止揚される。すなわち、ウィとノンのどちらがまず生じるのか、という問いによってである。デリダの分析は三つの大きな段階を順を追って進む。最初の段階では、彼はアランにしたがって、あらゆる思考が意識であることを明示する。そして、まずもって思考はそれ自身として、真理を探し求める道徳的な義務であり、仮象の拒否であるとされる。

では、なににノンと言うのか。デリダによれば、これは副次的で派生的な問いである。第二の段階では、アランの一文を乗り越えるべく、ノンの根本的な自動詞性が明らかにされる。ノンは意識を構成する投企であり、拒絶はその形式である。否定の対象はひとつの仮象でしかない。というのも、思考がノンと言うのは、かつて仮象を信じており、まずウィと言っていたおのれ自身以外のなにものでもないからである。だから「否定すること〔nier〕」とは、なによりもまず、「おのれを否定すること〔se nier〕」なのである。アランが言うように、自らおのれ自身を否定する思考の闘いのほかに、「世界に〔…〕闘いはない」[9]のだ。デリダが説明しているように、他者と争うまえに、また他者と争うために、わたしは自分のなかで敵と争っているのでなければならない（それはトロイの戦争のようなものだ。というのも敵はつねにすでにそこにいるからである）。この敵はわたしを眠りへと駆り立て、なんの吟味もなく見かけ〔仮象〕を信じるよう迫る。『ユリシーズ・グラモフォン』のなかでデリダが指摘するように、ウィが「他者への差し向けが存在することの刻印」[10]であるとすれば、ノンはまずもって、つねに自己へ差し向けられている。〔アランの言う〕世界へのノンであれ、圧制者へのノンであれ、説教者へのノンであれ、これら三つの宛先ないし形象をつうじて精神は自己と対話するのである。これら三つのノンはすべて、なによりもまず、自己へのノンなのである。

そして最後の段階——これはずばぬけて長いものだが——は、「信念一般の徹底的な批判」を引き起こす段階である。この段階はそれ自体として、三つのセクションに分けられる。

第一のセクションでは、アランの表現の哲学的な諸前提が示される。そこでデリダは、自由と

（9）本書四四頁を参照。

（10）Jacques Derrida, *Ulysse gramophone*, *op. cit.*, p. 127〔ジャック・デリダ『ユリシーズ・グラモフォン』前掲書、一五四頁〕.

判断の主意主義的な哲学としてアランの徹底的な信念批判の輪郭を描いている。アランにとって、信念は素朴な態度であり、そこでは、たとえわたしの信じるものが真実であることが明らかになったときですら、わたしの思考は誤謬のうちにある。というのも、思考は真理へと向かう自由な運動のなかでしか思考ではないからである。この点でデリダは怠ることなく、彼自身が（つねにすでに）そうであったように、教員という彼自身の立場について問おうとする。

だからこそ、教育は非常に困難なのです。教育が真理を伝達することだけを務めとしていたのなら、それは非常に容易でしょうし、とるに足らないものでしょう。教育が思考を教えるのだとしても、それは真理の技術とは異なるものでもなければなりません。最終的に真理が技術と化すやいなや、ひとはすでにして次のような思考の二つの歪曲の犠牲になります。それらは、見かけのうえでは異なるもので矛盾しているようにさえ見えますが、しかしおそらくその親近性は根深いものです。その二つの歪曲とは、詭弁と独断論です。(11)

アラン哲学の徹底性すべては、真理の技術的な道具である証明という観念が斥けられねばならないということから説明される。証明という観念が斥けられるのは、ウィと言うやいなや、ひとは思考するのをやめ、信じはじめてしまうからである。たえず解体する必要があるのは真理を保証し、それを保護する場としての証明である。アランにとって真理は、隠された秘宝や保護すべき秘密であってはならない。真理は硬直したものであるべきではなく、たえずやり直されるべきなのである。もっともデリダは、アランの懐疑の超徹底性を彼の思考の師であるデカルトはおそらく斥けただろうと述べる。デカルトの方法的懐疑が真理を終極とするのに対し、アランの懐疑は終わりのないものだからである。とはいえ、デリダは、アランがデカルトその人よりもデカルト主義者であることを認めている。だがデリダがそこに見るのは単なるトラウマ的な反復ではない。彼は、懐疑がそれ自体で価値をもち、それが道具である以上に思考の救済ですらあることを自覚するものとして、この終わりのない探究を定義しようとする。この場面からデリダの文章を少し読んでみよう。その形式はこの著者の特徴となっていくものであり、間違いなく彼の翻訳者たちを身震いさせることだろう。

ところで、アランにとって不信の特徴は、それが力を発揮する〔donne sa mesure〕とき、不信にはもはや度合い〔mesure〕がないという点にあります。それは度を越しており〔sans

---

(11) 本書六二頁を参照。

mesure〕、節度がなく〔*immesurée*〕、過度なもの〔*immodérée*〕です。真理が測られる〔se mesure〕のは、このような行き過ぎたもの〔démesure〕の度合いにおいてなのです。不信という度合いのなかでしか、真理は存在しません。それこそが、このテクストが実質的に説明していることであり、そこでは、デカルト主義的な精神への忠実さはデカルトの精神への不忠実さになっているように思えます。[12]

デリダが喚起するように、ノンと言うためにはそのように意志しなければならない。このような意志は、価値や真理への意志にウィと言う肯定から生じる。そのため、なによりまず信じるのでなければならない。言葉をかえれば、思考されていることを、つまりおのれ自身であることを確信するために、思考はノンと言うことができるまえにまず自らにウィと言うのである。

第二のセクションでは、デリダはアランの表現を乗り越えようとする。ここでデリダは、アランの考察の諸限界を跡づけることで、後に脱構築と言われるようなエクリチュールの構造を展開させている。そこでは、この「ウィ」がノンと言うことで、信じやすい素朴さの衣を脱ぎすて、信という衣をまとう。さらにデリダが指摘するように、ウィと言うことは話しはじめることであり、この言語活動は、信じやすく、前客観的でもあるような存在のなんらかの信念と袂を分かつ。アランにとってノンが価値論の空間を開くとすれば、信のウィはこの空間を基礎づけているのである。こうしてデリダは、信という価値論的なウィの意味と価値を厳密に検討する。

最後のセクションは、これらの問題すべての一般的な射程を提示し、否定の起源と価値論的な肯定の先行性という二重の問いに読者を導こうとする。デリダはプラトンからカントや少数の論理学者たちを経てヘーゲルにいたる否定の歴史を簡単に思い起こしたあと、ベルクソンをつうじて無の問いを時間をかけて考察し、とりわけウィとノンの不可能な対称性を明確化し直そうとする。そしてデリダは、ベルクソン哲学とフッサールを突きあわせることで、たとえウィがノンに先立つとしても、判断や言語に先立つ可能な否定がつねにすでに存在していることを示そうとするのである。否定の起源に関するもっとも鋭敏な分析のひとつをサルトルに認めつつ、デリダは、サルトルがこの領域についてフッサールに行った非難に関心を向ける。この一般的な射程は最終的に、ハイデガーと、「「思考すること、それはノンと言うことである」と語るアランを、本当の意味で理解することを可能にする」[13]ある種の存在‐存在論的差異への言及とともに幕を閉じる。

このテクストを読むとただちにわかるように、デリダはアランの表現のなかにまず、〔ウィとノンの〕二重性が前景化するような場面を見ている。両者の差異は単なる二項的なペアのそれを

(12) 本書六七―六八頁を参照。
(13) 本書一五一頁を参照。

超過する。ほかのところでデリダが思い起こしているように、ノンはたしかにウィと対称的であるわけではない。[14]おそらく、これら二つの小さな語は、約一〇年後にデリダが注意を向ける生／死のような他のペアにより近く、そこでもデリダは対立なき差延の論理をつうじて、それらの語のペアの差異性を強調しようとしている。『思考すること、それはノンと言うことである』は、脱構築を確立したテクストの刊行以前の、脱構築的なエクリチュールの兆しとして読まれるばかりではない。それは、「ウィ ノン」がデリダの思想にとってつねに根本的なものであったことを示してもいるのである。思考と信念を区別し、その差異を語ることがしばしば困難な時代にあって、彼の関心はおそらく、今日においてますます重要なものであると言えるかもしれない。

＊＊＊

この著作が日の目を見るのを可能にしてくれたすべての人々に謝意を表したい。とりわけ、刊行までのあいだ支援と貴重な助言をしてくれたケイティー・チェノウェスに、配慮の行き届いた示唆をしてくれたジェフリー・ベニントンに、当初から励ましてくれたペギー・カムフに、そして資料閲覧の依頼に快く応じてくれたフランソワ・ボルドに感謝を申し上げる。しかしなににもまして、このプロジェクトを支持し、信頼してくださったピエール・アルフェリとジャン・デリダの両氏には記して御礼申し上げたい。

ブリュー・ジェラール

（14） Jacques Derrida, *Ulysse gramophone, op. cit.*, p. 86〔ジャック・デリダ『ユリシーズ・グラモフォン』前掲書、九八頁〕.

思考すること、それはノンと言うことである——初期ソルボンヌ講義

第一回

UNIVERSITÉ DE PARIS

FACULTÉ DES LETTRES
ET SCIENCES HUMAINES

HISTOIRE DE LA COLONISATION

17. RUE DE LA SORBONNE
PARIS (5e)

LE 19

Penser, c'est dire non:
Alain (L.P. 1924. P.R. 203.).

[illegible]

[20]

本書 27 頁 1 行目－28 頁 15 行目

「思考すること、それはノンと言うことである[1]」

アラン（L. P. 1924. P. R. 203）[2]

まず、導入を行います（古典的な図式を思い起こす）。（必然的に長くなるが、できるだけ多くのことを話す。だが、［その］バランスは尊重する）[3]。

（1）テクストの草稿すべてが用箋に書かれており、レターヘッドには以下のように記載されている。「パリ大学／文学・人文科学部／植民地化の歴史／パリ（五区）ソルボンヌ通り一七〔UNIVERSITÉ DE PARIS/FACULTÉ DES LETTRES ET SCIENCES HUMAINES/HISTOIRE DE LA COLONISATION/17, RUE DE LA SORBONNE PARIS (5e)〕」。

「思考とはなにか」という問いをたてるのには、ふたつのやり方があります。

（1）わたしたちは伝統的なやり方で、つまり本質主義的かつ実体主義的でさえあるやり方で、この問いをたてることができます。そこでは、次のように問われることになります。数々の現象や現われ、様態、さまざまなタイプの思考の作用の背後に隠れているような、思考の真の存在〔l'être-vrai〕とはなにか。これらのタイプの作用には、思考の経験に対して特権的な関係をもたないものがあるのか、他のものほど思考を忠実に示していない作用はあるのか。その作用はより本来的に思考を表していない、つまり思考を翻訳してはいないのか。そうした作用が――なお実体主義的な用語を用いるなら――思考の本質的な属性、少なくとも根源的な活動ではないのもそのためなのか、こう問われるわけです。

（2）それとは反対に、より現代的、つまり反実体主義的な仕方で[4]、「思考とはなにか」という問い〔に〕いたることができます――もはや思考は、そのさまざまな現われや諸属性、言葉や作用の背後に、思考の「何性〔quiddité〕」という内奥を隠しもつような秘密ではありません。思考に関して、こうした深さの神話はここでは拒絶されるでしょう。こうした神話をサルトルやヴァレリーのような人々は斥けていますし、そうした「深みの印象」をバシュラールなら「皮相な印象」と言うでしょう[a]。だとすれば、思考はそのさまざまな現象の全体、そのさまざまな顕現の全体でしかないでしょう。つまり、思考が自らを生じさせるものでしかない以上、思考はその諸作用の全体にすぎないのです。とはいえ、思考が自らの諸作用の全体であるのは、それがおのれに現われるからです。そのため、思考はその諸作用と別物ではないのですから、他のなにもまして、思考はある諸作用のなかでこそ思考そのものであることになります。さらに言えば、思考が諸作用の全体であり、作用が思考の作用であるかぎりで、それら諸作用は根本的で真正な活動に属しています。(5) おわかりでしょうが、いわゆる実体主義的な神話(6)をはらいのけるのは容易ではあ

（2）Alain, *Philosophie. Textes choisis pour les classes*, Antoinette Drevet (éd.), Paris, PUF, 1957, vol. 1, p. 274〔アラン『宗教論』、アラン著作集9、渡辺秀訳、白水社、一九八一年、二〇六頁〕. ここで« L. P. »は一九二一年、一九二四年、一九二七年、一九三五年のあいだにミシェル・アレクサンドルが刊行した雑誌『自由なプロポ（*Libres Propos*）』のことを指す。この雑誌で、アランは数多くの「プロポ」を発表した。« P. R. »はアランの論文集『宗教についてのプロポ』（*Propos sur la religion : éléments d'éthique politique*, Paris, Édition Rieder/PUF, 1938〔アラン『宗教論』、アラン著作集9、前掲書〕）を指す。

（3）行間にはグレーの鉛筆で次のような加筆がある。« 2 points de départ (penser oui non) »〔ふたつの出発点（ウィとしての思考すること、ノンとしての思考すること）〕.

（4）行間には次のような加筆がある。« + phénoménologiquement »〔＋現象学的に〕.

（5）草稿では、« ‡ »という記号が加筆されている。一般にデリダはこの記号を、前述した箇所を口頭で補足するのを思い出すために用いている。

りません。まじめに「これこれは然々である」と語り、「それはなんであるか」という問いをたてるやいなや、結局はそうした神話が課されることになるのです。

現象学。存在論。したがって、これら二つの道はふたたび合流します。あるなんらかの作用が思考の根本的で本質的な活動や態度を指し示しているのかどうかを、問わなければなりません。

さしあたりは、次のように思われることでしょう。思考することとは真理を把握することであって、「何々は何々である」、これこれは然々だと言おうとすることであるという点で、思考は究極的な肯定を、真なるものへのなんらかの同意を探し求めることなのだ、と。[7] それゆえ、自らに同意するときにのみ、つまり「はい、これこれは然々です」と言ったり「はい、事柄はそのとおりです」と言ったりする場合にのみ、思考はそれ自身となり、つまりは自己と一致する〔*d'accord avec elle-même*〕のだ、と。それが言外に語っているのは、「うん、そのとおりだね」、「うん、そんなふうに考えるなんて君はよく考えているね」ということです。[8] もし思考が動揺〔*inquiétude*〕や、自己や世界との不合致でしかないように見えるとしても、それは仮象にすぎません。というのも、思考はそれが探し求めるものへと、つまり安寧や自己との一致、世界との和解へと、すなわち自己と世界へのウィ〔oui à soi et au monde〕へと向かっている最中だからです。ところで、なにかがおのれと合致せず、おのれと不調和で一致しておらず、おのれ自身のうちで変調をきたしている、などと考えることはできません。[9] なにかであるということ、それが前提しているのは、自己の安寧さ、本質と実存との平穏さ、自己の自己に対するウィと自己の世界に対するウィだからです。(10) ところで、数々の存在のなかで唯一ウィと言うことのできる特権をもった思考が、そのようにウィと言おうとする欲望ではまったくないとしたら、それはどのようにしてなのでしょうか。思考をその本質のうちで強固なものにするような、自己と世界を肯定する意志が思考ではないとしたら、どのようにしてそうなのでしょうか。

---

(6) 草稿では、« essentialiste ou »〔本質主義的あるいは〕という言葉が「実体主義的な」という語の前で削除されているように見える。

(7) 草稿では、« ↕ » という記号が加筆されている。

(8) ここには矢印があり、以下の文章に続いている。« [“Est-soit”: souligné et barré]. Soit (valeur) supposé par [“Il y a un ‘soit’ en toute affirmation indicative”: barré] toute énonciation indicative c’est ceci ou cela. Approbation normative immanente à affirmation indicative (et même à l’énonciation négative) »〔[「である－であれ」。この語は強調され、かつ削除されている]。であれ（価値）は、[「あらゆる直説法の肯定には「であれ」が存在する」。この文は削除されている]「これは、これこれないし然々である」といったようなあらゆる直説法の言明によって前提されている。直説法の肯定に（そして否定の言明にさえ）内在する規範的な同意〕.

(9) 草稿では、直後に次のように文がはじめられているが削除されている。« La pensée, si elle est quelque chose, elle est »〔思考がなんらかのものであるなら、それは〕.

(10) 草稿では、直後に次のように文がはじめられているが削除されている。« C’est donc dans l’affirmation »〔したがって、それは肯定のうちにある〕.

そのため、あらゆる「ウィ」、つまり肯定や承諾、同意、承認の力をもち、それらの形をとる思考の諸作用はこの場合、特権的かつ際立った仕方で、ある思考の本質を露わにすることになるでしょう。すなわち思考はつねに、自らを停止させ、その運動を完遂させるような自己と世界の真理を探し求めているのだ、と。そして、「赴く〔*se rendre*〕」と言われる場合のように、自らが従うべき確信や明白な事実を、思考はつねに探し求めているのだ、と。

しかし「赴くこと」は、「降伏すること〔rendre les armes〕」でもあります（論争→仮象……）。とすれば、それは降参することではないか。奪われ、放棄することではないのか。思考が「ウィ[11]」と言うとき、思考は自らを否定したり否認したりしないのではないか。思考が自らにノンと言わないのは、まさしくこのウィが、明敏で生き生きとした思考の標であるような批判の目覚めと見張番[12]の注意深い疑念から、信じやすさや素朴さを前提としている信念の受動性への移行を示しているからではないか。――ウィにおいて自らの目的に達した思考は、おのれを放棄する〔*s'abandonne*〕のではないでしょうか。おのれを放棄するというのは、怠惰でどうしようもない眠りの無気力さに身を任せることであると同時に、自己を停止させ、その同一性からおのれを切り離し、自己と異なるものになることでもある、という意味です。おそらくウィ、同意、肯定、承認とは思考の目的〔*fin*〕、つまり「テロス」、理念的な極、目標という意味での目的であり、そうしたウィのなかでおそらく思考はおのれを完遂します。しかし、「テロス」の意味での目的は、終極や限界という意味での終わり〔fin〕でもあります。「ウィ」と言うとき、思考は終いには自らを停止させます。それは限界に達し、思考として存在することをやめるのです[13]。

たしかに思考は真理へと赴こうとします。しかし、思考が思考であるのは、赴くことが向かうこと〔*aller vers*〕であるという意味で、思考が真理へと赴く場合にかぎられます。つまり、この場合の「赴くこと」はどこかへ向かい、さまざまな困難を打破し、自らの臆病さと無気力を告発し、怠惰を捨て去り、幻影や幻に自由に反駁し、そうしたものの引力にすぐさまウィと言う権利を認めないことを意味するのです。そのため真理に向かうこととは、わたしの自由〔判読不能ないくつかの語[14]〕、ノンと言う能力を肯定することなのです。真理に向かうことは、仮象に対してノン

(11) 草稿には余白の上部に、次のような加筆がある。« Fuit à l'évidence la plus contraignante »〔もっとも拘束力のある明白な事実に逃れる〕。

(12) 草稿では、「見張番の」ではなく « à la croyance »〔信念に〕となっていたが、削除されている。

(13) 草稿では、この箇所は次のように文がはじまっているが、削除されている。« Dans ce cas, *l'affirmation*, loin »〔この場合、肯定は、〔…〕ではなく〕。この文は、次の段落の導入となる、さらに別の文の冒頭に続いているが、こちらも削除されている。« Penser serait donc dire non »〔したがって、思考することはノンと言うことだろう〕。

(14) 草稿には判読不能な語が一、二あるが、おそらく « c'est-à-dire mon »〔つまり、わたしの〕だと思われる。

と言うことです。とはいえ、思考することは真理に「屈すること〔se rendre〕」ではありません。というのも「屈すること」は、偽りのものにウィと言った瞬間に隷属し、自らを失い、おのれの能力を譲渡することだからです。この場合、思考が否定され、この否定性の本質から、つまりこの否定性の根本的な能力から思考が誕生するとき、思考は思考となり、純粋に自己自身になるでしょう。そして肯定は、その一時的な契機にすぎないことになるでしょう。その契機を、非本質的（偶発事と本質の対立）という意味であると同時に、落下〔*chute*〕という意味で、さらには思考に反する罪〔péché〕という意味で、偶然の出来事〔*accident*〕と言っておきましょう。思考がこれやあれにウィと言うとき、思考は自らの最終目的地を違え、落下し、身を落とします。文字どおり、ウィとは思考の言い間違い〔*lapsus*〕であることになるでしょう。

だからこそ、アランは「思考すること、それはノンと言うことである」と述べるのです。

（1）それではアランにとって、この命題はなにを正当化しているのでしょうか。その命題を字義どおりに捉えることはできるのでしょうか。そして、この命題を支える哲学を受け入れることはできるのでしょうか。

（2）ノンと言うこととは、なんでしょうか。「ノンと言うこと」、その否定の働き〔négation〕の意味と起源はなんなのでしょうか。

I――（最初の議論展開の意味と必要性を想起する）　テクスト、あるいは題材（プレテクスト）……。

それでは、アランはなにを言おうとしていたのか。[15]

思考の真の運動を否定の運動として記述することで、アランはあらゆる思考が意識であること――それは、[16]ひとつ間違えると、〔判読不能な語〕[17]平凡で陳腐な物言いでしかないように見えるかもしれません――をわたしたちに想起させようとします。というのも、さまざまな形の思考がありますが、アランはそれらを警戒し、単なる非‐思考、つまり情動や反射以上にそれらを荒々しく斥けるからです。純粋な思考と称して真の思考をいっそう裏切るような思考の形式があり、それらすべてはまさに、「良心なき科学」という見出しのもとに分類することができます――それ

(15) 草稿には、次のような一続きの単語の加筆がある。« justification / 3 étapes - nécessite approfondissements croisés → critique »〔正当化／三つの段階‐それぞれ深く掘り下げることを必要とする→批判〕.

(16) 草稿には次のような文があるが、線で抹消されている。« paraît à tort une plate trivialité »〔ひとつ間違えると、平凡で陳腐な物言いに見える〕.

(17) 草稿には判読不能な語がひとつあるが、おそらく« intuitif »〔直観的〕だと思われる。

は、自分が知っていることを知らず、科学に対するあらゆる自由を失っているがゆえに、自分が知っているもののなかで自分を見失っている人の知です。アランがあくことなく告発しているのは、多くの場合、とりわけ、もっぱら科学的で技術的であるような思考のすべてがもつ特徴なのです。

ところで、「思考すること、それはノンと言うことである」はどのような点で、わたしたちを意識に、つまり目覚め〔*éveil*〕と注意深さ〔*vigilance*〕に立ち戻らせるのでしょうか。[18] アランの言葉を聞いてみましょう。

「思考すること、それはノンと言うことである。ウィという しるしは眠っている人間に属していることに注意したまえ。反対に、目が覚めると首をふって、ノンと言う」。[19]

ウィと言うこと、それは眠りへと頭を傾けることです。思考の隷従→思考ではないものすべて、まずもって身体〔への隷従〕。それは注意するのをやめることです。同意することは思考の半睡状態であって、そこで思考は同意したときから自らの支配者ではもはやなく、自己の能力をすでに譲渡しています。思考は自らに服従し、おのれを主人と見なします。そうしたわけでアランは意識の心理学、つまり覚醒と眠りの心理学と、政治理論という二つの平面からこうした思考のイメージを働かせます。実際、アランは、魂と人間の身体、国家の構造的なアナロジーという古くプラトン的な主題を捉え直しながら、次のように語っています。

「ウィと言うために、上下に頭をふる古くからの動きを人間の頭が繰り返すと、すぐさま暴君たちが戻ってくる[20]」。

つまりウィと言うとき、思考は自らを失い〔s'aliène〕、他のもののために、すなわち不可避的に非-思考のために、思考は責任と自分の意志とを疎外します。ところで、あらゆる思考が思考であるためには、自己自身に責任をもち、自ら唯一の裁決者となり、おのれの拠って立つ場を支配しなければなりません。思考はおのれ自身で法を課さなければならないのです。その唯一の政治体制[21]は、自治性〔自律性：*autonomie*〕もしくは自給自足〔*autarcie*〕です。

「思考の機能は決して委任されない[22]」、そうアランは言ってもいます（L. P. 1931. Min 301[23]）。

（18）草稿では、« la science »〔科学〕という語が削除されている。

（19）Alain, *Philosophie. Textes choisis pour les classes, op. cit.*, vol. 1, p. 274〔アラン『宗教論』、アラン著作集9、前掲書、二〇六頁〕。草稿ではこの引用の後に以下のような文章が続いているが、削除されている。« Dire non, c'est donc s'éveiller ou se réveiller »〔それゆえ、ノンと言うことは目覚めること、もしくは起きあがることです〕.

（20）*Ibid.*, p. 278〔アラン『プロポ2』山崎庸一郎訳、みすず書房、二〇〇三年、二五二頁〕.

（21）行間に次のような加筆がある。« dans la cité des hommes ou dans la cité < un mot illisible qui est peut-être "intellectuelle" > »〔人間たちの国ないし［おそらく「叡智的な」と思しき判読不能な語］国において〕.

（22）Alain, *Philosophie. Textes choisis pour les classes, op. cit.*, vol. 1, p. 277-278〔同書、二五二頁〕.

さらにアランにとって、この自治性ないし自給自足（アウタルキー）は、これらの概念がよく理解されさえすれば、民主主義と矛盾するものではありません。

だからこそ、ウィは眠っている人間、体を休めている人間の性質なのです。ついでに注意しておいてほしいのですが、アランのこうした〔思考の〕イメージは、あるひとつの文明、つまり身体のあるひとつの文化に結びついています。このイメージは異なる文化においては――たとえば、ノンという身振りがわたしたちからすると同意の身振りを表す極東の文化においては――いかなる意味ももたないでしょう。そういうわけで、ここで問題とされているのは、証明〔preuve〕というよりは、ひとつのイメージであり、例証〔illustration〕です。西洋においてさえ、頭を上下にふるからといって、必ずしも眠っているわけではありませんし、首を左右にふることがノンと言うことになるわけでもありません。もっともらしくアランと張りあおうとするなら、次のことを示すこともできるでしょう。想像で羊を数えるときのように、ある機械的なノンが確実に眠りをもたらすこともあるのだ、と。

――「反対に、目が覚めると首をふって、ノンと言う」。

意識への回帰とは、ひとつのノン（身体や夢想状態、受動性、「横たわった自己」へのノン）です。意識は拒否と同時に生まれます。こうして拒否は意識と共に生まれる〔*congénital*〕、それゆえ意識とはじめから一体である〔*consubstantiel*〕わけです。意識とは、ある否定性です。とはいえ、意識はおのれの歴史をなす然々の契機に対してノンと言うことにはなりません。「ノン」は意識に突如として生じるのではなく、意識がノンによって生じるのです。意識はその本性からして、つまり起源からしてノンです。ノンとは意識の誕生の働きであり[b]、（目覚めが問題である場合には）意識が誕生し直す働きであるわけです。

（こうした意識の本質的な否定性についてはシェリングとサルトルを参照していただければと思いますが、いまはそれを展開する時ではありません）。

アランの依拠している目覚めが、はっと目覚めること〔le réveil en *sursaut*〕[24]であるという点に注意しておいてください。それは、身体の眠りから意識の目覚めへと、連続的に移行することも緩やかに推移することもなく生じるような目覚めです——すなわち、意識とは、はっと起き上がること〔*sursaut*〕なのです。意識は身体との断絶です。これから見るように、それはデカルト的な

（23）ここで《Min》はアランの『ミネルヴァ、あるいは叡智について』（*Minerve ou De la sagesse*）を略記したものである。

（24）草稿では、ここで以下のいくつかの語が削除されている。《quelque chose comme》〔〔はっと目覚めること〕であるようななにか〕.

タイプの二元論であり、それもデカルトのそれより際立った二元論であって、この二元論が絶えずアランに着想を与えており、とくにここではそうなっています。意識と身体のあいだには不信があり、その不信が常態化し、両者は対立的(ポレミック)な共生関係にあらざるをえません。覚醒、とりわけ目覚めがはっと起き上がることであるのは、それらが、思考によって身体が驚くこと〔*surprise*〕だからです。思考は、横たわった身体に従属することによってではなく、それに不法に押し入ることによって身体から逃れるのです。

このように、根本的なノンというかたちで思考と意識を同一視することから、アランにとって重要な主題を理解することができます。その主題とはつまり、心理学的意識と道徳的意識の根源的な同一性です。道徳的意識なしに心理学的意識が存在しないのは、そして心理学的意識が道徳的意識を前提しているのは、意識一般が拒否だからです。ところで拒否は、それが存在するものへの抵抗(25)ではないとしたら、一体なんなのでしょうか。

存在するものへと抵抗すること、それはなによりもまず、存在すべきものを存在するものに対置することです。それゆえ、拒否はその本質からして道徳的です。したがって、すべての意識が存在するものへのこうした本源的な拒否であるという点では、あらゆる意識はまずもって道徳的です。もっとも基本的で、もっとも萌芽的な覚醒の現象が前提しているのは、受動性や仮象の魔術、そして身体の決定論等々へと抵抗しようとする、このような意志です。それはなんらかの勇気であり、義務の働きであり、道徳的な経験でもあるような抵抗の意志です[26]。ノンによって、意識は存在と価値を分け隔てるような空間を開きます。したがって意識は、すでに構成された道徳を理解することで、あるいはすでに構成された道徳に参与することで、道徳的になるわけではありません。意識は、はじめから義務のうちに、それゆえノンのうちにあり、義務とノンは意識の境位のうちにあるものとして互いに連動しているのです。ここでアランのテクスト（『わが思索のあと』、七七頁）を読んでみましょう。

> 専門家は心理学的意識と道徳的意識を区別する。このことについてわたしは、心理学的という言葉は〈遺産〉のうちにないこと、こんな言葉を背負いこむのはまったく無益であることを、まず注意したものである。しかしいまひとつの注意こそ、当然わたしをもっと前進させるはずであった。……どのような意識も、つねに、存在するものに存在すべきものを対置さ

（25）草稿では、以下のいくつかの語が削除されている。« Résistance à ce qui est, à quoi l'on »〔存在するもの、ひとが〔…〕するものへの抵抗〕.

（26）草稿には以下の加筆がある。« j'inaugure la moralité dans la négation »〔否定のなかでわたしは道徳を開始させる〕. この加筆はさらに別の補足記号 « ‡ » へと続いている。

せる以上、道徳的秩序に属している。ごく単純な知覚においてさえ、わたしたちを習慣から目覚めさせるものは、つねに一種の躓き［cf. はっと起き上がること……トラウマ、英雄的な行動］であり、たんなる事実への強い抵抗である。あらゆる認識は……、思考の栄誉の名のもと、憤然たる拒否によってはじまり、持続するのである。[27]

以上が[28]わたしたちの最初の主題です。つまり、思考＝意識という主題です。したがって、思考することがノンと言うことであるのは、思考することが目覚めることであり、思考することが意識していることだからです。ところで意識していることは、おのれ自身に現前する、ということでもあります。否定すること［nier］は、実のところ直接目的語をもたない動詞です。――あるいはむしろ、その直接目的語はつねに主語なのです。では、どうしてそういうことになるのでしょうか。

それにしても「否定性」が自己自身への現前の形式であることができるのは、どのようにしてなのでしょうか。どのようにしてノンは意識、すなわち自己を伴う自己意識であり、思考の自己対話でありうるのでしょうか。

こうして、アランにとって、第二の主題として次のものがあるでしょう……。

その主題とはつまり、ノンの根本的な自動詞性です。思考すること、それはノンと言うことです。では、なにに対するノンなのか、アランはそう問います。

この「なにに対して」という問いについてわたしはまず、この問いが比較的二次的で派生的な性格しかもっていないことを強調しておきたいと思います。みなさんの小論文（ディセルタシオン）では、みなさんがあまりにしばしば否定の対象となりうるものに心を奪われ、意識がなににノンと言うのかを列挙しているように見受けられます。ところで、重要なこと――誰よりアランにとって重要なこと――、そして哲学的に興味深いものは、思考がこれやあれを拒否する、または、あれよりもこれを拒否するということではありません。思考は拒否そのものであり[29]、思考はそれ自身において拒否なのです。「ノン」はあるひとつの秩序や規則、規範ではありませんし、これこれの対象

（27）Alain, *Histoire de mes pensées*, Paris, Gallimard, 13e édition, « NRF », 1936, p. 77〔アラン『わが思索のあと』田島節夫訳、アラン著作集10、白水社、一九八二年、八三頁〕. 元の引用におけるいくつかの語の強調や追加、省略はデリダによるものである。

（28）草稿には、グレーの鉛筆で « *transition à développer* »〔発展させるべき議論の筋道〕という加筆がある。

（29）行間には、次のような加筆がある。« (refus ≠ attribut de la conscience. Tout refus passe par conscience) »〔（拒否≠意識の属性。あらゆる拒否は意識によって生じる）〕.

〔*objet*〕を前にして意識に与えられる命法でもありません。重要なことは、このノンが、これこれの対象に遭遇するのに先立って、意識の投企〔*projet*〕そのものであるという点です。こう言ってよければ、拒絶〔rejet〕は意識の投企の形式そのものであるわけです。拒絶は、外から偶発的に生じるような反駁ではありません。拒絶は、意識にとって構成的なのです。

そういうわけでアランは、「なにに対して?」という問いに答えるようなふりをした後で、こう付け加えます。否定の対象は見かけのものにすぎない、それは回りくどい言い方であり、うわべの口実でしかない、と。実際は、思考はなにものに対してもノンと言いはしない、なぜなら思考は自分自身にしかノンと言わないからだ、と。一見すると思考はなにも否定しませんが、それは思考が実際には、はじめは見かけのものを信じてウィと言っていたおのれ自身をまず否定するからです。だからこそさきほどわたしは、否定の直接目的語がまずもってつねに、否定の主語そのものであると言ったのです。否定することは再帰動詞であり、[31] つまりはなによりもまず「おのれを否定する〚se nier〛」です。アランはこう語っています。「なにに対してノンと言うのか。世界にだろうか、圧制者にだろうか、それとも説教者にだろうか。それは見かけにすぎない。どんな場合にも、思考がノンと言うのは自己自身に対してである。思考は幸せな同意を断つ。「安らぎと不安、眠りの幸福」思考は自分自身から離れる。思考は自分自身と闘う。世界に、それ以外の闘いはない」[32]。

「世界」、「圧制者」、「説教者」(c)に対する、見かけのうえでの思考の三つのノン〔les 3 *nons*〕(33)を捉え直すまえに、そして「世界」や「圧制者」、「説教者」との対話がいわばつねに自己対話の後にくるものであり、また自己対話によって媒介されていることを示すまえに、アランは、この自己対話が闘争的でポレミックな意味をもっていることを強調します。「思考は自分自身から離れる。思考は自分自身と闘う。世界に、それ以外の闘いはない」。なぜ世界には、ほかの闘いが存在しないのでしょうか。なぜなら他者——他人や世界、圧制者、説教者、あるいは友人であれ、あらゆる形式での他者——に立ち向かうまえに、そして他者に立ち向かうために、わたしはわたしのなかで内なる敵に立ち向かうのでなければならないからです。その敵は、わたしに眠るようそそのかし、逃げるようわたしに勧め、屈服するようわたしを促し、なんの吟味もせず、危険のないところで自分に屈してそれで納得するようにさせる内なる敗北主義者です。精神はトロイの戦争(34)

---

(30) 草稿には « naturellement »〔自然的に〕と思しき語があるが、削除されている。

(31) 行間に次のような加筆がある。« Pensée = conscience mais conscience *réfléchie*, réflexion et refus »〔思考＝意識、しかしそれは再帰的な〔反省された〕意識であり、再帰〔反省〕であり拒否である〕.

(32) Alain, *Philosophie. Textes choisis pour les classes, op. cit.*, vol. 1, p. 274-275〔アラン『宗教論』、アラン著作集9、前掲書、二〇六頁〕. 補足と強調はデリダ。

(33) 草稿ではこのようになっている。

をはじめることしかできない、なぜなら精神の敵はつねにすでにその場にいるからだ、つまり精神は精神としか闘うことができず、自分自身によってしか屈服させられないというわけです。それはまったく異なる音域〔registre〕[35]のなかにある、ヘーゲル的な主題の移調です。この主題によれば、戦争は意識同士でしか決して起こりえず、それは自己への他者の原初的な内面化をすでにして前提しています。自然のなかに戦争はない。あるのは、意識と自己係争〔autocontestation〕だというわけです。

――したがって「世界」「圧制者」「説教者」は形象にすぎません。この三つの形象にしたがって精神は、従属するためであれ解放されるためであれ、いずれにしても精神が自己対話のなかでおのれ自身を対話者とするために、自分自身を媒介するのです。

(1) では、いかなる点において世界へのノンは自己へのノンなのか。

それは基礎的であれ、自然的であれ、前科学的であれ、あらゆる知覚がすでにして現われ〔見かけ：*apparence*〕[d]の批判であるという点においてです。なにかを見るためには、わたしは、現象に貼りつき、それに密着することを差し控えなければなりません。現象を認識し、それを再認するためには、現象に異論を唱え、現象を揺るがせにし、それがなんであるかと現象を問いたださなければならないのです[36]。

「目を開くとわたしにはなにが見えるだろうか。すべてを信じなければならないとしたら、わたしになにが見えるだろうか。わたしに見えるのは実は一種の雑色であり、不可解なつづれ織りのようなものだろう」[37]。すべてを信じること、それゆえすべてにウィと言うことは、なにも見ないことを選ぶことです。実際、「エポケー」、つまり懐疑論者たちが真っ先に強調した判断保留、そして懐疑を意味する以前は視覚的な注意を意味していた「スケプシス」、この「エポケー」と「スケプシス」は、哲学上の革命であるまえにまず、あらゆる知覚に不可欠な条件です。なにかを見るためには、暗黙のうちに選別や批判、問いかけが働いているのでなければなりません[38]。自分をねじ曲げて、自分の直観がもつ屈託のない怠惰に無理強いすることでこそ――この点につい

(34) 草稿では、« batailles »〔戦い〕が削除され、代わりに「戦争〔guerres〕」となっている。

(35) 草稿では、« esprit »〔精神〕が削除され、代わりに「音域〔registre〕」となっている。

(36) 草稿ではこの段落の終わりを補足する次のような加筆がある。« ; il faut que je lui dise non, mais c'est ma croyance à laquelle je dis non »〔わたしは現象にノンと言わなければなりませんが、わたしの信念に対してノンと言うのです〕.

(37) Alain, *Philosophie. Textes choisis pour les classes, op. cit.*, vol. 1, p. 275〔アラン『宗教論』、アラン著作集9、前掲書、二〇六頁〕.

(38) 草稿では、続く文章の冒頭が以下のようになっていたが、削除されている。« Et ces questions, c'est d'abord à moi que je les pose, à moi qui confondrais spontanément »〔これらの問いかけを、わたしはまず自分自身に対してたてるのであり、自発的に自分自身を当惑させるのです〕.

て、すでにカントは悟性のない直観は盲目であると語っていますが――、わたしは本当の意味で世界を知覚することができるでしょう(39)。

アランはこう続けます。「なぜなら(40)どんなものでも、わたしがその事物を見るのは、それについて自分に問うことによってだからである。額に手をかざすあの見張番は、ノンと言う人だ「彼はじっくりと観察しているわけです(41)」。何日も偵察所にいた人々は、つねにノンと言うことで、見る術を学んだのだ。天文学者たちは幾世紀にもわたって、ノンと言うことによって、月や太陽や星々をいつもわたしたちから遠ざけてきた。すべての存在について、その最初の現前ではすべてが真であったことに注意したまえ。そうした世界の現前は決して偽るものではない。太陽は月よりも大きく見えることはないが、太陽までの距離と大きさにしたがえば、他の現われ方はしないはずである。太陽は、天文学者にとっても東に昇るが、それはわたしたちが乗りあわせている地球の運動によって、そう現われなくてはならないからだ。しかしまたどんなものも、そのものの位置と距離に置き直すということは、わたしたちの仕事である。だから、わたしがノンと言うのは、わたし自身に対してなのだ(42)」。

そのため、知覚するためには、様子を観察する（水に映った逆さまの影(e)）ことが必要になります。自発的な意識(43)は現象的であり、ドン・キホーテ的です。意識は事物が、それがはじめに現われるとおりのものであると信じています。とはいえ、この意識がなにも問うことがないなら、そしてこの最初の密着から離れることがないのなら、つまりこうした世界への最初の密着を裏切る〔déçoit〕ことがないなら、自発的な意識は自分自身の幻想しか知覚しないでしょうし、つまりはなにも知覚しないでしょう。想像はそうしたことを知性にもたらしてしまうでしょう。自分にノンと言おうとすることは、次の事実をしっかりと頭にいれる、ということです。すなわち、あらゆる知覚は、その根底からして失望〔déception〕の可能性であり[(39)]、それゆえ同じく、あらゆる問いかけはつまるところ否定の可能性である、と。だからこそ、少なくともアランにとっては、ひとはつねに自らの幻想と誤謬に責任をもっているのです。巨人を見たことに責任をもつのではありません。「ああ、それは巨人だ〔*oui ce sont des géants*〕」と言うことで、そのような現われに屈し、

(39) 行間に以下のような三つの語が強調付きで加筆されていたが、削除されている。« πίστις et caverne »〔ピスティスと洞窟〕.

(40) アランのもともとの文章では、この箇所は次のように書かれている。« Mais c'est en m'interrogeant... »〔しかし、……と自分に問うことによってである〕.

(41) 草稿には、ここに « ‡ » という補足記号がある。

(42) Alain, *Philosophie. Textes choisis pour les classes*, *op. cit.*, vol. 1, p. 275〔アラン『宗教論』、アラン著作集9、前掲書、二〇六—二〇七頁〕．補足と強調はデリダ。

(43) 行間には、次の二つの語が加筆されている。« affirmation, crédule »〔肯定、信じやすい〕.

それに賛同し、そう判断したことに責任をもつのです。「ひとは欺かれている」と言われるとき、常識が告発するのはこうした責任であり、そうした誤謬のなかにある罪を告発しているのです。自分がうけとった印象や自分の信念に拙速に賛同することで、なんらかの意志の働きによってひとが欺こうとするのは、自分自身です。誤謬とはまずもって過ちであり、思考に反する罪ですが、それが前提としているのは意志の狡猾さです。過ちを犯すひとは決して純真無垢ではありません。彼はそれにノンと言うこともできたわけですから。

もちろん、この分析は主意主義や判断の哲学と結びついています。そして、まさにこの点において、デカルト的な判断の哲学と結びつくのです。というのも、デカルトもまた判断における意志の役割に重きをおいているからです。判断することは、ある意志の働きをつうじて、わたしたちの知性による知覚に賛同することであり、その知覚にウィと言うことです。知性はある観念を知覚しますが、それ自身において判断する能力をもってはいません。ある働きによって知覚を判断に変え、「これこれは然々である」と、観念は真であると肯定することを可能にするのは意志なのです。したがって、デカルトにとってもまた、誤謬、つまり誤った思いなしに責任をもつのはすでにして意志であることになります。無限である意志は、有限である知性をつねに乗り越えます。そのようにして、意志は急いで進み、知性がはっきりと見ていないものに賛同することもあるのです。(44)

以上が、まずもって自己へのノンであるような世界へのノンです。ここから、〔数々の〕自己へのノンが圧制者へのノンや説教者へのノンというかたちをとりうることを容易に導くことができます。

（2）「圧制者」。同じテクストのなかでアランはこう言います。「そうしたわけで、圧制者がわたしの主人であるのは、わたしが尊敬し、吟味しないからである[45]」。

圧制が可能であるためには、したがって隷属が可能であるためには、わたしはウィと言い、批判するのをやめていなければなりません。しかし、わたしが拒否しつづける場合、圧政は外的なものとなり、身体は隷属していても精神は自由であることになるため、ここでもなお問題となるのはまずもって、自己へのウィ、それも「横たわった自己」へのウィです。わたしの精神の自由によって圧制者の権力をつねに規制するのは、わたしです。圧制者がわたしを彼の奴隷とするために、圧制者はわたしのウィを必要とするのです。ヘーゲルと同様に、ここでもなお、あるなん

（44）草稿では段落の終わりに、《↕》という補足記号がある。

（45）Alain, *Philosophie. Textes choisis pour les classes, op. cit.*, vol. 1, p. 275〔アラン『宗教論』、アラン著作集9、前掲書、二〇六頁〕。補足はデリダ。

らかの契機において、主人は奴隷の同意と承認を必要とし、主人は奴隷の奴隷になるとともに、奴隷は主人の主人になります。ストア的でデカルト的な主題……。

ここでも、このような圧制の理論は、プラトンにおいてと同じく、政治的圧制の理論に相当するとともに、情動に従属する魂の心理学的圧制の理論に相当します。

デカルト的な〔判読不能な語〕議論発展。

(3) 最後に、説教者へのノンとしての自己へのノンです。

説教者は誤謬の教師ではなく、信念〔*croyance*〕の教師です。その教理〔*dogme*〕は本質的に、そしてその語源からしてひとが信じているもの、つまりドクサ〔*doxa*〕の対象です。ところで、ドクサは信念であるとともに、賛意を示すこと〔opiner〕がウィと言うことであるという意味で、臆見〔*opinion*〕でもあります。教理は権威であり、したがって思考されることがないがゆえに、なんの議論もなくウィと言われる当のものです。なぜかといえば、思考すること〔penser〕は検討することであり、権威に異議を唱えることであり、アランが語源を参照しながら述べているところでは、吟味すること〔*peser*〕だからです。

ところで説教者は、権威の議論しかもちだすことのない者です。それは、教理への信念によって宗教をわたしに教えようとする者であり、この信念に対してつねにアランは信〔*foi*〕をはっきりと対置しています。信念はさまざまな現象、つまりアランがしるし〔*signe*〕と呼ぶもののところで停止します。信念が象徴や文字で停止するのに対して、信は象徴を越えたところで象徴の体系〔symbolisme〕を理解しようとし、文字を越えたところで精神を理解しようとします。それゆえ、説教者にノンと言うことは、意味を理解するためにしるしにノンと言うことなのです[46]。ところでしるしがしるしであるのは、わたしの信念によってでしかありません。したがって、わたしがノンと言わねばならないのは、わたしの信念、信じるわたしに対してなのです。

「世界の最初の様相が真実であるのと同じように、あらゆる宗教もまた真実である。しかし、それではわたしはほとんど先へ進まない。わたしはしるしに対して、ノンと言うのでなければならない。しるしを理解するには他の方法はない。目をこすり、しるしをじっくり観察すること、それが覚醒することであり、思考することである。そうしないのは、眠っていることだ。どれほどすべてを信じようと決意したとしても、イエスが飼葉桶のなかのあの子どもとは別の存在であることは真実である。現われを突きぬけなければならない。法王自身が祈りのたびごとに、現われを突きぬけている。でなければ、それは祈りであろうか。それはまったく祈りではなくて、年

(46) 草稿では文の冒頭が次のようになっていたが、削除されている。« Et dire non au signe, c'est se dire non à soi qui *croit* la croyance »〔しるしに対してノンと言うことは、信念を信じている自己にノンと言うことである〕.

老いた人の眠りである。〔しるしの形成？〕[47]しるしの背後には、神学がある。神学がしるしにすぎないとしたら、それはなんだろうか。神学の背後には、なにがあるのだろうか。理解しなければならない。それはいつもノンと言うことだ。ノン、きみは見えているとおりの存在ではない。それは天文学者が太陽に向かって言うのと同じことであり、誰もが水に映った逆さまの影について言うのと同じことである。信じていることにノンと言うのでなければ、心のためらい〔心のためらい―わずかな気がかり―重さ―障害〕とはなんだろうか。〔宗教的な意味での〕良心の糾明〔examen de conscience〕は、横たわった自己にノンと言うことによる。わたしが信じていることは決して十分ではない。不信は、厳格な信に属する。「汝の寝床をとりて歩め[48]」。

そのため、ここには信念一般の批判があります。この点については、アランを扱った議論の第三のパートのなかで（最初の二つのパート、つまり思考＝意識、そして否定の自動詞性もしくは否定と再帰を思い起こしておく）、直接検討することにします。[49]

次の点を考えていきましょう。

（1）アランの定式に見られる哲学の一般的な諸前提はどのようなものか。

（2）この定式（思考すること、それはノンと言うことである）を乗り越えるための諸要素を、アランの思想の内部からどう見いだすことができるのか。

（3）そうした可能な乗り越えから出発して、いかに小論文（ディセルタシオン）を書くことができるか↓一般的な射程。(50)

（47）草稿には、《↕》という補足記号がある。

（48）Alain, *Philosophie. Textes choisis pour les classes, op. cit.*, vol. 1, p. 275-276〔アラン『宗教論』、アラン著作集9、前掲書、二〇七―二〇八頁〕. 補足と強調はデリダ。

（49）余白部には段落の冒頭に矢印があり、次の加筆に続いている。《– non au prêcheur》〔――説教者へのノン〕.

（50）草稿には、《↕》という補足記号がある。

第二回

「思考すること、それはノンと言うことである」(2)[a]

〔前回の講義では、「思考とはなにか」という〕この問いに向かうためのさまざまな道を示したあと、そのいくつかの用語を提示しました[1]。わたしたちは、思考の否定性についての問いをいかに理解しなければならないかを見てきました。この否定性は、思考の構成的な本質でもあれば、思考にとって偶発的な様態でもありうる、そのような否定性です。

次に、そのように問いをたてたうえで、わたしたちは最初の考察として、この問いに対するアランの応答を検討することからはじめ、彼の応答そのものにおいて、そしてその応答から出発して、アランの応答を理解し正当化するよう試みました。これは、三つの段階のなかで行われなければなりませんでした。この三つの段階から、わたしたちはアランの思想の中心とその一般的な諸前提へと進むことになりますが、それはこの中心と諸前提には検討されるべき定式が含まれているかぎりにおいてです。

最初の段階は、覚醒の注意深い意識という本質的な形式のもとにある思考の否定性でした。そこで拒否は、思考と共に生まれ、思考とはじめから一体であるものとしてわたしたちに現われていました。思考は、それが目覚めているという点では、自足していて自律的である意志であり、それはなによりもまず「道徳的」であるために心理学的でもあるような意志です。なぜなら、思考は存在と行為を拒否することで、あるべきもの〔devoir-être〕と価値という影を創りだすからです。

そこからわたしたちは、否定の起源の問いがたてられる第二の段階へと、つまりノンと言われる「対象」へと進みました。この段階に、アランにおける否定の根本的な自動詞性とわたしが呼んでおいたテーマに関する議論があり、この自動詞性は見かけのうえでしか直接目的語をもちません。なぜなら、実際のところ否定はなによりもまず、思考の自己自身へのノンであり、反射した否定性であるからです。〔前回〕順に説明を行った「世界」、「圧制者」、「説教者」への〔さまざまな〕ノンはそれぞれが、自己へのノン、眠っている自己へのノンを指し示していました。さらにこれらのノンは、より深いところで、判断や誤謬、間違いについての主意主義的でデカルト的

（1）草稿では、次のような、削除されたいくつの語が段落の冒頭に見られる。« La dernière fois, après avoir posé le problème de savoir »〔前回は、～を知るための問題をたてたあと〕.

な哲学を指し示していました。すでに見たように、「説教者」へのノンは信じる自己[2]、すなわち教理的な自己、哲学的な自己へのノンでした。そのため、このノンは、アランの定式の究極的な原動力と思しきもの、つまり「信念の批判」へと導きます。この最初の考察における第三かつ最後の段階として、これからその批判を検討していくことにしましょう。

＊＊＊

（3）[b] こうした信念への徹底的な批判は、自由と判断に関する主意主義的な哲学に固有なものであり、そこからわたしたちは、アランの言葉の射程をよりよく規定すると同時に限定することが可能になります。なによりもまず本質的に、信念の批判が問題になるとしても、実際に思考がノンと言うのは自己自身に対してではありません。ノンと言われるのは偶像[3]に対して、真正な思考の堕落に対してであり、この堕落は信じる思考、つまり信じやすい思考に起因します。その証拠にアランは別のところで次のように語っています。「不信の精神こそが、端的に言って精神である」（L. P. 1934[4]）。信念は［判読不能な語[5]］あるなんらかの態度です。それは沈黙に帰されるべき素朴で平凡なウィなのです。帰されるべきというのは、信念が判断の手前にあるからです。それは受動的であり、最初の見かけ［現われ］に惑わされ、最高位の権威の意のままになりやすいのです。信念は独断論や説教者を招くきっかけとなり、判断を断念しますが、それは本質的に判断ならざるものなのです。だからこそ、説教者の言説、つまり説法は、つねに先入見の言語であり、たとえこの先入見がたまたま真実であったとしてもそうなのです。説教者は、それ自体として斥けることのできない自然や身体につねに訴えます。したがって、このような信念の批判を支えているのは精神と自然の二元論であり、自然の機械論と結びついたデカルト的な二元論です。「思考すること」という言葉について、アランは次のように書いています。「それは精神に現われるものを吟味し〔peser〕、精神の判断を停止し、精神自身を規制し、恣意に陥らないようにすることである……それゆえ、それは自然的な思考の拒否、根本的には自然の拒否であって、事実、自然が思考を判断することはない(6)」。

このような、自然の拒否でもある教理の拒否のなかでとくに興味をひくのは、この拒否をつう

(2) 行間には、解読困難であるが、おそらく以下のようなものと思しき四つの単語が加筆されている。« sous toutes ses formes »〔そのあらゆる形式のもとでの〕.

(3) 草稿では、以下の言葉が削除されている。« de la pensée authentique »〔真正な思考の〕.

(4) Alain, *Philosophie. Textes choisis pour les classes*, *op. cit.*, vol. 1, p. 250〔アラン『プロポ2』、前掲書、三九七頁〕.

(5) 草稿には判読できない言葉がひとつあるが、おそらくは « nôtre »〔わたしたちのそれ〕だと思われる。

じて思考が、思考と異なるものにもとづいて、その本来性のなかで定義されていないという点です。思考と異なるものにもとづいてというのは、とりわけ真理、つまり古典的な意味で対象との合致であるような真理にもとづいて、ということです。非常に単純化して言えば、これは次のことを意味します。すなわち、たとえわたしの信じるものが真実であるとしても、わたしの思考は間違い〔erreur〕のなかにある、と。思考が間違う〔彷徨う：erre〕のは、思考に対象が欠如しているからではなく、おのれ自身が欠如しているからです。あるいは、こう言ってよければ、真なるものは信念の対象に決してなりえないのです。信じることは不自由な判断であって、真なるものが真実であるためには、ひとが真なるものへと自由に向かうということが必要になります。思考が思考そのものであるのは、こうした自由な運動のなかでなのです。そして、真なるものはこうした判断の白由なくしては、なにものでもありません。自由こそが、真理をそれ自体として形作るわけです。だからこそ、教育は非常に困難なのです。教育が真理を伝達することだけを務めとしていたのなら、それは非常に容易でしょうし、とるに足らないものでしょう。教育が思考を教えるのだとしても、それは真理の技術とは異なるものでもなければなりません。最終的に真理が技術と化すやいなや、ひとはすでにして次のような思考の二つの歪曲の犠牲になります。それらは、見かけのうえでは異なるもので矛盾しているようにさえ見えますが、しかしおそらくその親近性は根深いものです。その二つの歪曲とは、詭弁と独断論です。

L. P. 1922. Min. 43.
辛抱強く注釈しましょう。

彼は精神に逆らって、連続的で力強く巧みに管理された圧力を自らに加える。科学であれ、言語であれ、歴史であれ、執拗に精神に逆らって進むような教育の仕方がある。隷属状態にすぎない古くからの学習法が、技術的な知［*cf.* 良心なき科学］という風貌をまとって、いたるところに再来している。要するに、精神がまだなにも行っていないのは、それがまだ目覚めていないからだとわたしは言っているのだ。わたしたちはたくさんの石を積み上げること

（6）Alain, *Philosophie. Textes choisis pour les classes, op. cit.*, vol. 1, p. 258〔アラン『定義集』森有正訳、所雄章編、みすず書房、一九八八年、一三七―一三八頁〕. 強調はデリダ。抜粋されているのは以下の箇所である。「それは精神に現われるものを吟味し、精神の判断を停止し、精神自身を規制し、恣意に陥らないようにすることである。思考するとは、ひとつの観念からそれに対立するすべてのものに移り、すべての思想を現在の思想に関連づけることである。それゆえ、それは自然的な思考の拒否、根本的には自然の拒否であって、事実、自然が思考を判断することはない。したがって思考することは、わたしたちのうちにあるすべてのことが現われてくるままでは必ずしも正しくない、と判断することである。それは長い仕事であり、あらかじめ打ちたてられた平和である」。

を崇拝している。そして、真の信者たちは毎日もうひとつ石をもっていく。こうして、デカルトの墓標が建てられるのだ。(7) 思い切って行動しなければならないのだろう。しかし、わたしたちはなにもしない。わたしたちにはなにができるのだろうか。自由な判断からなる学説は、地中深くに埋没している。わたしに見えるのは、何人かの信者たちだけである。彼らは、真実であるものしか信じないことにためらいを感じている。しかし、わたしたちが信じているものは決して真ではないのだ。(8)

言葉をかえれば、たとえもっとも批判的な検討の果てに声高にウィと叫ばれるとしても、そしてこのウィが絶対的に確かなものだとしても、ウィは意識を信念へと変え、真理を教理へと変えてしまいます。次のような場合を考えてみましょう。徹底的な疑念に「影響を受けた〔inspiré〕」ことで、明白な事実が見かけのものにすぎないという口実のもとそれらを際限なく斥けるとします。ある時点までは、それら明白な真理の絶対的な証明〔*preuve*〕をわたしはもっており、その場合、わたしはウィ、つまり真理にウィと言っています。しかし、わたしが同意したまさにその瞬間、わたしの同意がどれだけ必然的で確固としたものであろうと、わたしは信じはじめるのであり、わたしの信念を改めて揺るがせにするときまでわたしは考えることをやめます。つまるところ、アランがここで斥けているのは、真理の技術的な道具としての証明という概念です。真理の安全な住まいであり、それを保護する避難所であるような証明ないし体系をこそ、絶えず解体しなければならないのです。[9] 真理は決して対象のなかにありません。真理は隠された秘宝ではありません。それはひとが埋め隠している秘密ではないのです。真理は、絶えずやり直されなければならないのです〔être à recommencer〕。このような信念の批判から、わたしたちは三つの結論に導かれます。これらの結論はアランをよりよく理解する助けになるとともに、今度は、彼の定式を警戒することになるでしょう。すなわち、アランに忠実であるためには、おそらく否定の独断論を斥けることができなければならないのです。

最初の結論です。真理の目覚めとしての証明を斥けることで、アランは懐疑の超徹底主義〔*ultraradicalisme du doute*〕[10] へと向かいます。彼の師であるデカルトならおそらく、この超徹底主義

（7）草稿ではここに、« ‡ » という補足記号がある。

（8）Alain, *Philosophie. Textes choisis pour les classes*, *op. cit.*, vol. 1, p. 273.　強調はデリダ。草稿ではここに、« ‡ » という補足記号がある。

（9）草稿では余白部に次のような加筆がある。« La preuve fatigue la vérité »〔証明は真理をうんざりさせる〕.

（10）草稿のなかでデリダは、« hyperradicalisme »〔過度の徹底主義〕の代わりに「超徹底主義〔ultraradicalisme〕」と記している。

に同意することはなかったでしょう。もちろん、アランの懐疑はやはり方法的な懐疑であって、懐疑主義的ないしニヒリズム的な懐疑ではありません。しかし、アランの懐疑は終わりをもたない方法的懐疑です。「方法〔méthode〕」、つまり語源にしたがえば、真理へと赴く「ためにしたがう道」が真理という終着点をもっているにもかかわらず、(11) そしてなによりデカルトにおいてはそうであったにもかかわらず、です。

テクストについてはこれから見ていくことにしますが、アランは神なきデカルト、あるいはむしろ、デカルト的な神をもたないデカルトです。アランは、デカルト自身よりもデカルト主義に忠実であろうと欲し、一度行えばそれで十分だとデカルトが判断した身ぶりを絶えずやり直そうとするようなデカルトです。外側から見て心理学者の言葉で表現するなら、これはトラウマ性の反復に似ています。徹底的な懐疑という最初の経験であるトラウマの場面にもとづくなら、ひとはじめのシナリオをただ繰り返すことしかできません。(12) 実のところ、そして深いところで問題になっているのは、懐疑がそれ自体で価値をもち、懐疑が思考の道具である以上に救済(13)であることを自覚することなのです。

懐疑とは精神の塩である〔アランの師ラニョーを参照〕。懐疑の切っ先がなければ、あらゆる知識はすぐさま腐敗する。もっともよく根拠づけられていて、もっとも理性的であるような知識もわたしはこれに含める。間違っていること、あるいは間違っていたことに気づいて疑うことは、それほど難しくはない。それではなにも前に進まないのだと、わたしは言いたい[14]。そうして強制された懐疑は、わたしたちになされた無理強いのようなものだ。それはみじめな懐疑であり、弱々しい懐疑であり、信じてしまったことへの後悔、裏切られた信頼である。不信真実は、決して信じることをせず、つねに吟味しなければならないということだ。不信〔incrédulité〕はいまなおその力を発揮してこなかったのである[15]。

ところで[16]、アランにとって不信の特徴は、それが力を発揮する〔donne sa mesure〕とき、不信にはもはや度合い〔mesure〕がないという点にあります。それは度を越しており〔sans mesure〕、節度がなく〔*immesurée*〕、過度なもの〔*immodérée*〕です。真理が測られる〔se mesure〕のは、このよ

（11）草稿には、« ↕ » という補足記号がある。

（12）草稿には行間に次のような補足がある。« (Leibniz ≠) ».

（13）草稿では、« essence »〔本質〕の代わりに「救済〔salut〕」と記されている。前者の語は線で削除されている。

（14）草稿の余白部には、引用に沿って垂直線が引かれ、次の加筆に続いている。« Commenter d'autres philosophes »〔他の哲学者にも触れること〕.

（15）Alain, *Philosophie. Textes choisis pour les classes*, *op. cit.*, vol. 1, p. 277〔アラン『プロポ2』、前掲書、二五一頁〕.

うな行き過ぎたもの〔démesure〕の度合いにおいてなのです。不信という度合いのなかでしか、真理は存在しません。それこそが、このテクストが実質的に説明していることであり、そこでは、デカルト的な精神への忠実さはデカルトの精神への不忠実さになっているように思えます。

L. P. 1924. P. R. 23.(17)

すべての〈神学〉にはなにか死んでしまったものがある。すべての〈幾何学〉にもまた、なにか死んでしまったものがある。それらは、鍵のかかった観念だ。誰もそこへ見に行こうとはしない。そして簿記係がそうするように、記録や要約だけで勘定する［*Cf.* フッサール］。ところが、それら精神的な貯蔵は、食物の貯蔵よりもはやく腐る。そしてひとが少しも考えることのない観念とはなんだろうか。ボシュエは永遠の真理によって神を証明する。「真理は真理であることをやめることはできない。デカルトは死に、ボシュエは死ぬ。真理は決して死なない。しかし、真理は誰か思考する者がいなければなにものでもないから、永遠の〈思考者〉が存在する」と。これが弟子の思考であり、観念の入った戸棚である。(18) デカルトに従っていくことは、もっとはるかに難しい。なぜなら、彼は観念の入った戸棚をこわし、観念そのものをこわして、永遠の真理などまったく存在しないと言い、三角形や円についてさえ、神の意志が各瞬間に決定するのだと言うところまで進んだからだ。理解できるひとは理解するがよい。いずれにしても、ここには躓きがあり、疑いえないものを疑う機会がある。そこでデカルトの神学は不信によって生気づけられているのである……。(19)

もちろんデカルトは、永遠の真理が存在しないと言ったわけでは決してありません。彼はそれと反対のことを言ったのであり、おそらくアランもほかの誰よりもよくそのことを知っていました。デカルトが言ったのは単に、神は永遠の真理の創造者であり、その創造は連続創造である、ということです。もちろん、そのような創造によって三角形の真理が再検討されるように神が仕

---

(16) 行間、つまり引用とそれに続く段落とのあいだに、次の一文が加筆されているが、線で削除されている。« Illustration : la pensée de Leibniz sur Descartes : si on commence à douter, on ne peut jamais lever ce doute. Donc pas de doute ≠ Alain »〔例証。デカルトに関するライプニッツの思考。もしひとが疑いはじめるとしても、その懐疑をやめることは決してできない。したがって、懐疑はない≠アラン〕.

(17) « P. R. 23 » は『宗教についてのプロポ』と、アランがこのプロポを書いた日付である一九二三年一二月二〇日を指している。

(18) 草稿のなかでデリダは引用文中に次のように加筆している。« ↕ . . (*cf.* Délégation). . ».

(19) Alain, *Philosophie. Textes choisis pour les classes*, *op. cit.*, vol. 1, p. 276〔アラン『宗教論』、アラン著作集9、前掲書、一八五―一八六頁〕.

向けることはありえるでしょう。それもまた、神の力のうちにあるからです。とはいえ、すぐさまデカルトが明示しているように、神はそうした力を用いようと欲することはできません。なぜなら、神の選んだ道が単一で不変であるということはその本質のうちに含まれているからです。[20]おそらく連続創造が不滅であるのは人間の目線からでしかなく、それが神の本質に合致するためには、連続創造は変化なきやり直し〔recommencement sans revirement〕でなければなりません。実際のところこれが、すでに見たように、[21]デカルトが本当に必要とする誠実な神の定義です。[22]以上が、デカルトからアランが理解しようとしなかったことです。つまり、証明の装置、神の誠実さの保証、現実的な明証をもたない真理への信頼、一言で言うなら絶対的な確実性です。

アランは、疑うもの、不信のものというイメージでの神を必要とします。それは、疑うことで物事を絶えずはじめからやり直しうるがゆえにもはや保証者ではないような神です。それは安心させる神ではなく、そのうえでひとが安らうことはできません。つまるところ、アランは思考と思考のはじまり〔initiation〕を救うために——思考はノンのなかでしかはじまりません——、欺く神や悪霊という仮定にとどまろうとしていたのかもしれません。したがって彼にとっては、なんらかの絶対的な証明の積極性に人間が安らうことができないようにするため、神のうちになんらかの否定性を導入しなければなりません。[23]だからこそアランは、永遠的真理の創造が与えられることを「有限主義的」な意味で解釈し、故意にそれを変形するのです。[24]思考はその遂行そのものとしては、いわば、なんらかの無神論的な意味のうちにあるわけです[25]。

アランの幾何学者がデカルト的な幾何学者に、デカルトやマルブランシュの幾何学者にほとんど似ていないのも、そのためです[26]。（さきほど引用したテクストの続きの箇所で）アランはこう言っています。「……デカルトの神学は不信によって生気づけられているのである。偶像を火に投げいれよ。こうして真の〈幾何学者〉はつねに疑い、こわしながら進み、そこから観念が生まれ、

（20）草稿には、« ↕ » という補足記号がある。ここでデリダが参照しているのは、デカルト『方法序説』の「第五省察」である。加えて、一九六二—一九六三年度にデリダは、フッサールの『デカルト的省察』に長大な授業を割いている。

（21）ここでおそらくデリダは、「本質　実存」という題で行われた一九六〇—一九六一年度の講義に依拠している。この講義のなかで彼は、デカルトの「第五省察」と神の存在証明について議論を行っている。

（22）草稿では、次の一文がここで削除されている。« Or Alain lui a besoin d'un Dieu qui doute et même qui puisse tromper »〔ところでアランが必要としたのは、疑うことをし、欺くことさえできる神である〕.

（23）ここには、行間にいくつかの語が加筆されている。« (inférieure, < un mot illisible>), déjà à la création »〔すでにして創造の［判読不能な語］下位にある〕.

（24）草稿では、ここに « ↕ » という補足記号がある。

（25）草稿では、ここでいくつかの語が削除されている。« Géomètre vrai. (≠ Descartes ≠ Malebranche). Géomètre (Alain - Diderot) »〔真の幾何学者。（≠デカルト≠マルブランシュ）。幾何学者（アラン - ディドロ）〕.

（26）草稿では、ここに « ↕ » という補足記号があり、次の一語が加筆されている。« hallucination »〔錯覚〕.

よみがえる。わたしの考えでは、直線がなにかを知りたいなら、つねに直線を思考していなければならないからだ。直線を欲し、つねに保持していなければならないという意味である。これは疑うと同時に信じることだ」[27]。

幾何学者〔géo.〕。創造者。応答しうること。蘇生すること〔再活性化すること：*réactiver*〕[28]。

次に第二の結論です。これはより難しい点になります。今しがたしたように理解するなら、信念に対する一般的な批判はある二元論へとわたしたちを導くことになります。ただしこの二元論は精神と自然、意識と身体、自由と機械論の二元論と同じ意味をもはやもっていません。それは思考の否定性の分析――その分析についてはみなさんも覚えていると思います――から示されるような二元論です。いまやわたしたちが取り組むのは、こうした図式の周囲にあるような、思考にとって必然的で内的な弁証法です。信念は思考と別物ではありませんし、身体や自然等々の効果ではありません。信念は一種の心理学的な機能でもなければ、思考が眠りにつくときに作動するような自律的で心理学的な一種の態度ですらありません。信念は、思考の外にある宿命〔fatalité〕ではないのです。信念は単に、たまたま精神の自由を制限するような非自由ではありません。それどころか信念は、真なるものへと向かう運動における精神の必然的な一契機なのです。「幾何学者は信じると同時に疑わなければならない」、そうアランは言っていました[29]。真なるものを前にして、それを信じ、ウィと言う以外のことはわたしにはできません。しかし、ひとたび真なるものにウィと言うとしても、真なるものが生気を失い死んだものにならないように、つまりしるしや体系にならないように、わたしは自分の信念をすぐさま目覚めさせるのでなければなりません。とはいえ、この目覚めそれ自体は、ウィなしには意味をもたないのです(30)。信念と懐疑は、弁証法的に結びついている――互いに必然的ですらある――思考の二つの契機にすぎません。懐疑を眠りにつかせることは、単なる魂の情動ではありませんし、したがってデカルト的な二元論のなかにあるような身体の作用ではありません。それは思考の息吹き〔souffle〕そのものであり、思考のリズミカルな位相なのであって、思考がもつ必然的な一段階なのです(31)。

真なるものへの信念のウィが思考や意識、真理にとって、ノンと同じように重要なもの〔生に

---

(27) Alain, *Philosophie. Textes choisis pour les classes, op. cit.*, vol. 1, p. 276〔アラン『宗教論』、アラン著作集9、前掲書、一八六頁〕. 強調はデリダ。

(28) 草稿でも、これら四つの語がそれぞれリストアップされている。最後の三つの語は強調されている。最初の語〔géo.〕はおそらく« géomètre »〔幾何学者〕の略である。

(29) ここは、おそらくデリダの敷衍である。

(30) 草稿には、ここに« ‡ »という補足記号があり、« défaillance nécessaire »〔必然的な失敗〕という言葉が記されている。

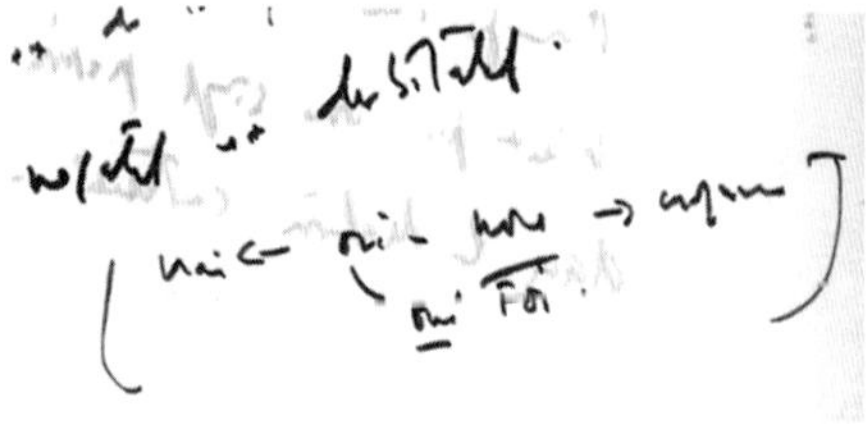

(vrai ← oui - non → croyance)
\ *oui* / Foi

［（真なるもの←ウィ‐ノン→信念）
＼ウィ／〈信〉］

不可欠なもの：*vital*〕であるとすれば、すでにして次のように問うことができるでしょう。すなわち、思考することは、ウィよりもむしろノンと言うことであるのかどうか、そしてウィから養分を得ることのないノンとはなにか、と。言い換えれば、アランの思想のなかでは、精神／自然の二元論からより深い二元論——精神／自然の二元論の基盤にあり、思考そのものに内的であるような二元論——へと移りますが、思考の自己へのノンであるようなノンとはなにかを本当の意味で理解したとき、ひとは次のことを自覚します。つまり、自己へのノンは自己へのウィと共‐本質的であり、この自己へのウィは自己へのノンに後続するのと同じく、それに先行しもするのだ、と。そして、そうしたウィがなければ、ノンはなにももたらさない身ぶりであり、思考というよりは無意識の癖〔tic〕であることになるだろう、と。時間性の弁証法#デカルト#瞬間。

　このことは第三かつ最後の結論へとわたしたちを導きます。この結論が露わにするのは、信念のウィと信念へのノン、そして否定と懐疑の運動すべてを引き起こすような信〔foi〕のウィと忠実さのウィです〔本書七四頁の図を参照〕。

ここで、[32] わたしたちはより深い根本性のレベルに達しています。いまや、えー……、これまで理解してきたことと矛盾するように見える発言に出くわしたとしても――アランにおいてはつねにそういうことがありますが――、驚いてはなりません。実際、ノンと言うためには、疑うためには、拒否するためには、そうしようと意志し、そのように決断する必要があります。フィアット〔*fiat*〕[c]、つまりノンと言わんとすることへのウィであるような「かくあれ〔*soit*〕」が必要なのです。これこれの信念に対して、その信念のなんらかの内容に対してわたしはノンと言いますが、その価値には、そしてその名のもとにノンと言うところの真理への意志にはわたしはウィと言います。このような価値への信念は、信じやすさ〔crédulité〕がもつ素朴な信念に先立ち、した

（31）草稿では、段落に続いて « ↕ » という補足記号が記されており、次の言葉が加筆されている。« Le clignotement des yeux < un mot illisible qui est peut-être "non-être" > → folie ≠ vérité »〔目の瞬き〔判読不能な語。おそらく「非 - 存在」だと思われる〕→狂気≠真理〕.

（32）草稿には、ページ上部に次のような文章の冒頭部が記されているが、削除されている。« Le *oui* dont nous venons de découvrir la solidarité dialectique avec le *non* était en quelque sorte symétrique au non »〔ウィは――それがノンと弁証法的に連関していることをわたしたちは露わにしたところですが――いわばノンと対称的でした〕.

がって素朴な信念へのノンに先立ちます。価値論的なウィ、は根本的なのです。意志すること＝肯定すること。主意主義は、否定の哲学ではありえません。だからこそアランは、「思考することはノンと言うことである」に異論を唱えているように見えるテクストのなかで、次のように書くのです。それらの文章は事実、「思考することはノンと言うことである」を基礎づけ、それを重大かつ確かなものにしています。

L. P. 1921 P. R. p. 87

二六〇―二六一頁（1）[33]を読み、注釈しましょう。

まず、信じなければならない。すべての証明の前に信じなければならない。なにも信じないひとには、証明はないからだ。オーギュスト・コントは『キリストに倣いて』の「知性は信に続くべきであって、それに先立ってはならず、まして信と手を切るべきではない」という一節について、しばしば熟考していた。よく思考することができるかどうかは自分次第であるということをまったくわたしが信じていないとしたら、わたしの思考は成り行き任せに放置されることになってしまう。わたしの意見は、橋を渡る人々のように、わたしのなかでふらついてしまうだろう。これでは〈思想〉は形成されない。意志し、選択し、維持しなければならない。ある証明が明日になっても通用することをわたしが確信していなかったら、またわたしに通用する証明がすべてのひとに通用することを確信していないとしたら、その証明になんの意味があるのか。ところで、その通用をわたしは証明することができない。なぜならすべての証明はその通用を前提とするからだ。ソクラテスはどんな調子で幾何学を幼い奴隷に説明するだろうか。もし彼がこの人間の形をしたものにも彼自身と同じ〈理性〉があることを確信しないとしたら。[34]

それゆえ、二つの信念があります。

信と信じやすさ。信じやすさにノンと言うのが信です。

信と狂気（「懐疑狂（Zweifelsucht）[d]」も忘れないでください）。

純粋な信じやすさ＝狂気（≠［判読不能な語[35]］＝純粋な

(33) この（1）という番号は、デリダが所持していたアランの『哲学』（*Philosophie. Textes choisis pour les classes*）の写しの余白部に見られる。

(34) Alain, *Philosophie. Textes choisis pour les classes*, *op. cit.*, vol. 1, p. 260-261〔アラン『宗教論』、アラン著作集9、前掲書、九〇頁〕.

(35) 草稿には、判読不能な語がひとつあるが、おそらく« non-être »〔非－存在〕である。

狂気）
「狂人とは自らを信じるひとである[36]」。

唯一の歯止め〔garde-fou〕＝信。[37] 二六〇頁を読む。「信じることと信じることが存在する……〔Il y a croire et croire...〕[38]」。

信＝埋性。

否定性＝思考。

ノンと言われるためには、思考はまず、自分自身にウィと言い、自らを確信するのでなければならない。

まず確信していなければならない＝忠実さ〔*fidélité*〕。出来事を理解するために出来事に先んじること。

「わたしはしばしば、忠実さは精神の光であると言った。わたしはそのことを知っているからだ。出来事が起こったあとに考えを変更してしまうやいなや、知性はひとりの娘でしかなくなる[39]」。

＊

そういうわけで、これまでのアランの注釈によってわたしたちは「思考すること、それはノンと言うことである」とは反対のものへと導かれただけでなく、この一文にあらゆる拡がりを与えることで議論を再び開くことになりました。すでに見たように、アランにおいてウィとノンは複雑な結びつきの関係をもっており、この関係は、ひとが身をおく合理性の水準によって意味を変えます。したがって、問いは開かれたままです。しかし、単純な注釈をつうじてアランの思想が

（36）*Ibid.*, p. 259.

（37）草稿では、いくつかの語が枠で囲まれている。

（38）Alain, *Philosophie. Textes choisis pour les classes, op. cit.*, vol. 1, p. 260.「信じることと信じることが存在する。そしてその差異は、信念と信という語のなかに現われている。この差異は対立にまでいたるだろう。というのも、共通の言語によれば、日常生活からすればあるひとが信じやすいと言われるとき、それが表しているのは、そのひとがなにかを思考させられている、つまり仮象を蒙りやすく、世評を受け入れ、無気力である、ということだからである。しかし、ある企業家が信念〔信：foi〕をもっていると言われる場合は、まさしく反対のことを意味している。このあまりに人間的で、皆にとって明らかである意味は、信じさせられようと欲するひとびとによって歪められてしまっている。なぜなら、彼らは信を称賛し、信に救われると言いはするが、同時に彼らはもっとも愚かしい信念の水準に信の価値を引き下げるからである。その暗雲のかげりが照らされる気配すらない。そのなかに立ち入ってみよう。すでにして、そこには靄しかない。いくつかの輪郭を識別しよう。ないよりはましというものだ」。

（39）*Ibid.*, p. 267〔アラン『わが思索のあと』、前掲書、九三頁〕.

もともっていた形式をわたしたちは反転させるにいたったとしても、そこからわたしたちは、さらに二つ目の考察のパートに導かれることになります。このパートでは、信じやすい素朴さのウィではなく、信のウィであるような「ウィ」の意味についての問いがわたしたちにもたらされることになるでしょう。ノンと矛盾しないだけでなく、ノンという形で口に発せられるこのウィはなにか。新しく、より深い意味での「思考すること、それはウィと言うことである〔penser, c'est dire oui〕」はなにを意味しているのか。なにが、その新たな肯定を正当化するのか。

第二（の大きなパート）[40]。まず、ごく単純に以下のことを指摘しておきましょう。アランが考えていたように見えたものに反して、どんなウィも全面的に素朴で信じやすいということはありません。ウィとは、なにか語られる〔*se dit*〕ものです。アランは、思考することはノンと言うこと〔*dire*〕である、と言います。そして言うこと〔le *dire*〕、言葉一般が前提としているのは、安穏とした無垢さやありのままの無意識、無邪気な受動性との最初の断絶です。それは、一言で言えば、存在への前客観的な融即との断絶、つまり信念との断絶です。たとえ言うことが信じやすさのウィであるとしても、この信じやすさは自然的ではありません。それはある根本的な選択を前提しているような信じやすさであり、それゆえこのような離脱〔détachement〕、つまりこの原初的な否定性は……語る主体の物語る態度〔attitude *récitative*〕（ゴルトシュタイン[41]〔判読不能な語〕象徴的な態度〔判読不能な語[42]〕をすら……基礎づけています。簡単です。

床につく眠り、さらにはアランの狂人——自分に信念をもち、自分を信じやすいと言われる狂人——、その者たちが純粋状態で存在しているのなら、ウィと言うこともノンと言うこともできないことになるでしょう。夢なき眠りや夢そのもの、純粋な錯乱は、否定や肯定といったカテゴリーによって言語がもはや支配されていないような領域です。ここでは、具体的な分析が可能かもしれません（子ども－動物－etc.）。したがって、ウィとノンとともに、わたしたちはつねにすでに自然から切り離されているのです。

この点を踏まえるなら、（アランによる）信のウィと、現に働いている思考、つまり作動中の思考のウィないしノンとを、いまやわたしたちは区別しなければなりません。そして、いかなる点で信のウィが現に働いている思考によって前提されているのかを考えなければならないでしょう。〈信〉＝正確には、どんな宗教的な意味も欠いているような信）。アランとともに、わたしたちは二

（40）草稿には、ページの上部に « Penser, *c'est dire* oui »〔思考することはウィと言うことである〕という加筆がある。

（41）おそらくデリダは、モーリス・メルロ＝ポンティやジョルジュ・カンギレムといった哲学者たちに影響を与えたドイツの精神医学者・神経科学者クルト・ゴルトシュタイン（一八七八—一九六五）を参照している。

（42）草稿には判読不能な語がひとつあるが、おそらくは « Deleuze »〔ドゥルーズ〕である。

つの確信〔certitudes〕を学んだばかりです。

（1）ノンは価値論の空間を開く。(43)

（2）信のウィは この価値論的な空間を基礎づける。

では、こうした肯定的な基盤はなにを意味しているのか。

それはこれからわたしたちが、二つの原理的な位相のもと、徐々に、段階的に、検討していく問いです。価値論、諸規範の理論、価値の理論には、〔一方で〕思弁的な意味があります（真なるものは、ひとつの規範です）。〔他方で〕それには、実践的な意味もあります（〈善〉もまた、ひとつの規範です）。

（1）思弁的な意味においては、価値論は否定がもつ二つの形式――それは懐疑がもつ二つの形式でもあります――に抵抗しているように見えます。この点を長々と強調するのは無用でしょう。

――懐疑主義的な懐疑。(44)

まず、忘れてはなりませんが、懐疑主義的な懐疑があまりに耐え難いもの〔redoutable〕であるのは、それが単にあらゆる肯定を拒否するからではありません。それは肯定と同時に否定をも問いに付すからです。それはウィとノンの共通の場としての言説そのものであり、その可能性に襲いかかるのが有名な「エポケー」[45]（判断停止）です。あらゆる事物はそれ自体としては等しく無差別で区別できず、わたしたちの感覚も判断も、真なるものを知りもしなければ、誤ったものを知りもしない、そうピュロンは言います。したがって、わたしたちは感覚も理性も信頼すべきではなく、主張をすることはせず、あるいは一方か他方の側に傾くことをせず、まったく平然としていなければなりません。問題となる事物がどんなものであれ、もはやわたしたちにはその事物を肯定する権利も否定する権利もなく、その事物を肯定すると同時に否定もしなければならないか、それを肯定も否定もすべきではないかのどちらかです。同等な理由がそれぞれの主張のために、そしてその主張に反して、つねに召喚されています（*antilogía – isostheneia*）。そこから、さまざ

（43）草稿には « ‡ » という補足記号があり、« inaugure règne de la valeur »〔価値の支配を創始する〕という文へと続いている。

（44）ここでデリダは第二回講義の終わりまで、フランスの哲学者ヴィクトル・ブロシャール（一八四八―一九〇七）の『ギリシャの懐疑主義者たち』からの一節を長々と借用しており、ブロシャール自身の概要はギリシャの伝記作家ディオゲネス・ラエルティオスに依拠している。Victor Brochard, *Les Sceptiques grecs*, Paris, J. Vrin, 1959, p. 54-55 を参照。

（45）草稿でデリダは « époχè » と書いている。この語の下にある行間には、« skepsis » という語が記されている。

まな言い回しが現われます。「わたしはなにも規定しない」（*oudén orízo*）。「知性的なものはなにもない」。「諾でも否でもない」。しかし、ピュロンによれば、これらの言い回しはあまりに肯定的です。というのも、なにも肯定しないと言うことで、そのことすらも懐疑主義者は肯定しないのだということが理解されねばならないからです。「これでもあれでもない〔*pas plus* ceci que cela〕」という文は、「海賊は嘘つきと同じように悪い人間である」と言われるときのように、肯定や同等の意味をもっていません。またそれは、「蜂蜜はぶどうより甘くはない」と言われるときのように、比較の意味をもってもいません。むしろ、〔「これでもあれでもない」という〕文は、「キメラもスキュラも実在しない」と言われるときのように、否定の意味をもっています。この否定性は *oudén mâllon*（ウィでもノンでもない。それ以上のものではない）という言い回しを疑問の言い回し（「なにがいっそう〜であるのか（*tí mâllon*）」）に置き換えるひとびとにとっては、依然としてあまりに肯定的に見えていました。しかし、これらの言い回しすべてにおいて肯定は——それが肯定という形のもとにあるのであれ、否定という形のもとにあるのであれ——見かけのものでしかありません。というのも、懐疑主義者たちが言うように、「燃え尽きた木とともに消え去る火のように」、「胃がすっきりしたあとに下剤が跡形もなく消え去るように」、肯定は自らを解体するからです。[6]

第三回

いつもどおり、目印をいくつかつけることからはじめましょう。

前回は導入を行ったあと、アランの思想の注釈に専念した第一のパートの第三段階にわたしたちはいたりました。この第三段階がわたしたちに示すことになったのは、思考と注意深い意識との同一視（第一段階）と否定の根本的な自動詞性（第二段階）が（第三［段階］として）信念の徹底的な批判を前提としており、それがアランの定式の究極的な基盤にある、ということでした。

こうした信念の批判は、技術的な知や真理の技術の批判、つまり証明一般の批判でもありました。そのような証明は、アランも同意したであろうブラック[a]の言い回しを用いるなら、「真理をうんざりさせる」[1]ような証明です。真理がその基礎をなすところの証明の対象では決してありえないのは、真理が信念の対象ではありえないからです。それこそ、これまでわたしたちが詳細に注釈してきたテーマであり、そのテーマがわたしたちを三つの結論に導くことになったのでした。

（1）デカルトよりもデカルト的たらんとする、アランにおける懐疑の超徹底的主義。この超徹底主義はデカルト主義を、そのあらゆる確実性の装置、とりわけ誠実な神、自らが創造した永遠的真理の保証人たる神から引き離していたのでした。デカルトにおいて神が保証するものすべてを、アランはデカルト主義から取り除くわけです。

（2）信念と生き生きとした疑う思考との二元論。この二元論は、それまでわたしたちが出発してきたような精神と自然、意識と身体、自由と機械論の二元論を認めることはありません。〔信念と思考の〕二元論は逆説的にも、教理が生き生きとした思考の内部で機能不全に陥る必然性を基礎づけており、その必然性を批判の目覚めの必然性へと弁証法的に結びつけていたのでした。そのとき、批判の目覚めはその啓示的な特権を失ったのでした。

（3）最後の結論。以上から、わたしたちは深い水準へと下降するよう余儀なくされました。そこでは信念の批判は信の礼賛〔*éloge de la foi*〕と一体になっており、その礼賛の意味をわたした

（1）Georges Braque, *Le Jour et la Nuit : Cahiers de Georges Braque, 1917-1952*, Paris, Gallimard, 1952, p. 34〔ジョルジュ・ブラック『昼と夜――ジョルジュ・ブラックの手帖』藤田博史訳、青土社、一九九三年、七七頁〕.「証明は真理をうんざりさせる」。

ちは予告していました。そして価値論的なウィ、つまり規範や価値、さらには真理の意志へのウィが問題になっていたのでした。

このことから、議論をその重要さのすべてに開くことで、わたしたちは考察の第二パートとして、この信の価値論的なウィの意味と価値について問うことになったのでした。つまり、自然との原初的な融即との断絶を前提としているがゆえに、「ウィもしくはノンと言うこと」は決して「自然的」なものではありえず、信じやすさのなかにさえないことを示したうえで、わたしたちは次のように問うことからはじめたのでした。すなわち、アランのなかにわたしたちがすでに見たように、ノンが価値論的なものの空間を開くのであれば、なぜウィは現にその空間を基礎づけているのか、と。価値論的なものがもつ肯定的な基礎はふたつの様相を呈していました。ひとつは思弁的な様相（真理の価値）、もうひとつは実践的な様相（〈善〉……）です。わたしたちは、思弁的な意味においては、このウィが否定の二つの形式――それは懐疑の二つの形式でもあります――に抵抗していることを示そうと企てたのでした。〔そのひとつが〕（1）懐疑主義の懐疑であり、それは前回で十分に見たように、肯定する権利のみならず、肯定的であれ否定的であれ主張一般の権利をも認めないような懐疑でした。ということはつまり、この懐疑はあらゆる語りの権利を認めず、疑いを示す態度〔attitude interrogative〕を確信の唯一の避難所たらしめるわけです。

そのとき失語〔*aphasie*〕[b]、つまり語らないことは定言命法に、あるいはむしろ定言的な禁止になります。この禁止によって、最高位の知恵である「アタラクシア」や「アディアフォラ」に至ることができるとされたのでした。

　ところで、お察しのとおり、こうした禁止がそれだけで、その否定性において維持されえないことを示すことは、とても簡単です。あらゆる主張、つまりあらゆる判断と正反対のことを無際限に言うためには――というのも、判断は誤りうるものであり、仮象の落とし穴に嵌りうるのですから――、わたしは真理や実在を積極的に要請することから想をえるのでなければなりません。真理への権利〔un droit à la vérité〕に従うことでこそ、もしくは真理の軸線上で〔au droit de la vérité〕こそ、わたしは誤謬や性急さ、信念、仮象、つまりあらゆる非‐真理一般を糾弾することができるのです。真理の正当性との価値論的で原初的な一種の結びつきがなければ、主張一般や判断一般を、実際に真理に違えるものであるかのように非難することすらできないでしょう。このような本源的な信は、以下の二つの形態のもとで現われます。

（1）[2]　懐疑論者たちへの告発。疑いを示すような失語の態度は暗黙理にこの本源的な信に訴え

（2）草稿では、番号（1）と（2）が赤丸で括られているように見える。

ており、それをその純粋さのなかで現われさせます。

（2）懐疑主義がひとつの哲学として与えられるかぎりで、懐疑主義はある真理の担い手[3]です。その真理が、たとえ不可能な真理であったとしてもです。疑いを示す態度はまずもって哲学的な態度であり、その態度をわたしは奨励し、その態度を教える可能性を原理的にもっています。このような哲学的な伝達（コミュニケーション）の可能性はある可能性の平面を、そして、禁止や失語を課すものよりさらに深い言語を明るみにします。失語は根本的な「ロゴス」のもっとも厳格な様態でしかありません。この「ロゴス」とともにあらゆる哲学が、とりわけ懐疑主義がはじまるのです。

さて。これらの告発は非常に古典的で、簡単なものです。とりわけそれは、パスカルが、とくにあらゆる哲学的な理性――たとえ、それが懐疑主義的であったとしても――に内属している独断論を示すとき、見事に、そして豊富に描いている告発です。〔『パンセ』の〕断片三七五のなかで彼は、多少謎めいた調子で、しかしすさまじい皮肉をこめて、「独断論者に舞い戻ったピュロン主義者アルケシラオス[4]」と短い文章を書いています。さらに、有名な断片三九五で彼が次のように書くときにも、パスカルが訴えるのは同じ真実性です。「わたしたちは独断論をいくら突きつめても、証明を全うすることはできない。わたしたちは懐疑主義をいくら突きつめても、真理の観念を消し去ることはできない[5]」。

だから簡単なのです……。

それゆえ、哲学者は根こそぎにできない真理の深さを権利として、規範として、自覚するのでなければなりません。そして、それを自覚したあと、哲学者は自らの懐疑と否定性のすべてをこの真理に従わせるのでなければなりません。このことは、わたしたちを第二の懐疑へ、つまりすでに知らせておいたような第二の思弁的な否定へと導きます。それは、真理へと赴くような方法的懐疑です。ここでの図式は、もっと簡単です。デカルトを踏まえつつ、以下のことを示すことが問題となるでしょう。

（1）いかにして懐疑は確実性へと至るのか。すでにわたしたちが、存在論的な議論との関連から十分注意深く検討してきたのも、『省察』がたどる道のりのすべてです。

（2）懐疑がいくばくかの確実性に至るばかりでなく、その確実性から生じ、少なくともそれらを前提とするのは、いかにしてなのか。これらの確実性は、表象観念ではありません――それらは懐疑によって引き起こされるものではなく、自然の光という公理です。すなわち、確実性は

（3）行間には、「担い手〔porteur〕」という語の下に、« héraut »〔先触れ〕という語が記されている。

（4）Blaise Pascal, *Pensées et opuscules*, Paris, Hachette, 1946, p. 500〔パスカル『パンセ（中）』塩川徹也訳、岩波書店、二〇一五年、二六六―二六七頁〕。草稿では、引用のあとに « ‡ » という補足記号がある。

（5）*Ibid.*, p. 508〔同書、三九頁〕。

因果性の公理であり、この公理にしたがうなら、欺こうとすること〔vouloir-tromper〕は、神の観念と相容れない、等々。こうした「自然の光」が思考のエーテルであるなら、その光は、ウィがハンよりも自然的であり、つまりは根源的であることを示すだろう、等々。

簡単でしょう……（科学においてはより〈批判的〉≠〔判読不能な語[6]〕と〔判読不能な語[7]〕）。

したがって、思弁的な価値論と真理という影のもとでは、ウィはハンに先立っており、それに還元することができません。このことは、実践的な価値論という影にもあてはまります。

ここでは、以下の図式を提示しておくことにしましょう。

（1）わたしたちが深さの度合いを獲得するのは、思弁的な価値論から実践的な価値論[8]に移ることによってである、ということを示すこと。というのも、真なるものを意志することは、真なるものが善であり、真なるものを意志することが真でないものを意志することより善いものであるということを前提としているからです。したがってそれは、真理への意志のなかに、すでにして実践的で「道徳的」な含意があることを前提としているからです……。

（2）あらゆる実践的なニヒリズムは矛盾しており、それが〈善〉一般への信を前提としているということ〔を示すこと〕。これは、懐疑主義との関連で明らかにしたものと類似の図式です（これは〔実践的なニヒリズムと〕対称的な図式ではありません。すでに見たように、先に示した図式は懐疑主義によって前提されているからです(c)。

ここでは、三つの例を挙げることにしましょう(これは例証であって、それ自身としては説明ではありません)。これらの例が可能にするであろう展開の原理を示すにとどめておきます。

(1) 第一の見解と例

あらゆる意志は〈善〉への意志であり、したがって〈善〉の肯定です。ある意志がこの〈善〉と異なるものに向かいうるという見解は単純に、善とその諸形式のひとつ——それが快や幸福であれ、あるいは反対に悪意、死、自殺であれ——とを混同することです。殺人を犯すという意志、自殺をなすという意志が〈善〉への意志ではないと語ることは、〈善〉をその特定の諸形式のひとつと混同し、特定の諸価値からなる然々のシステムのなかで〈善〉の諸形式のひとつと思われているものと〈善〉とを混同することです。そのように語ることは、殺人を犯す、あるいは自ら

(6) 草稿には判読不能な語があるが、おそらく« tradition »〔伝統〕である。

(7) 草稿には判読不能な語があるが、おそらく« géométrie »〔幾何学〕である。

(8) 行間に、いくつかの語が括弧つきで補足されている。« (éviter le statique et la symétrie) »〔静態的なものと対称性を避ける〕.

を殺害する者が、死のなかに〈善〉を見ている、ということを忘却することです。つまり、〈悪〉はこうした一般的で形式的な〈善〉の対立物でも、それと対称をなしているわけでもないのであって、この〈善〉は意志されるものすべての指標なのです。一見して〈悪〉への意志であるような然々の善の否定は、副次的であり、〈善〉への意志のなかに根拠をもっています。「悪をなしたい」ないし「善を拒否したい[9]」という悪魔的な肯定には、「善をなしたい」ないし「悪を欲し、善を拒否することが善いことだと思う」という形而上学的な肯定が必ず潜んでいるのです。言いかえれば、絶対的で不可避の〈善〉は、これこれの意志によって偶然的な仕方で、綜合的かつアポステリオリに措定されるわけではないのです。〈善〉は、意志や行為一般という概念の一部を、分析的になしているのです。意志を伴うあらゆる行為は、〈善〉に向かう意志の行為です。わたしは、〈悪〉一般を意志することができないのです。

だからこそ、ソクラテスは「自らの意志で悪をなす者はいない」と言ったのです。だからこそ（これが第一の例です）、『ゴルギアス』においてソフィストたちの思弁的なニヒリズムの系譜にいるカリクレス、このニーチェの先駆者がソクラテスに対し、ひとは〈善〉や正義と異なるものを意志することができ、また意志しなければならないことを論証し、力や利己的な快楽をも意志することができ、また意志しなければならないということを論証したとき、ソクラテスはカリクレスに対して苦もなく次のことを論証したのです。すなわち、〈善〉とは区別された力への意志と見なされているものは、〈善〉という意志の真の対象を規定することができないという意志の無能力さでしかない、と。なぜなら、よくよく考えれば、力への意志が〈善〉への意志でもあることがただちにわかるだろうから、と。〈善〉はつねに意志の最後の言葉です。それは、意志の真理なのです。

もっともそれは、それ自体としては意志されえない特定の個々の善と〈善〉とを混同しなければ、の話です。

次に第二の見解と例です。ときおり、本源的な否定の意志と〈悪〉への意志が存在するのだとひとが思うようになるのは、わたしたちに絶対的な〈善〉を意志し、〈善〉を思考するのを妨げる有限性［*finitude*］のためです。この有限性はわたしたちに〈善〉「一般」と個々の特定の善とを混同させます。よくそう思われているように、善の相対主義が絶頂に達し、「あるひとびとはわたしたちの善が徳のなかにあると言い、他のひとびとは快楽や自然と調和することのうちにあると言い、他のひとびとは学問のなかにあると言う[10]」とモンテーニュが言うのも、こうした有限性に起因します。ひとが善を拒否して悪を意志すると思ったとしても、それは悪の意志がひとつ

（9）行間に、次の言葉が加筆されている。« non au bien »〔善へのノン〕.

の規定であって、善の意志や根本的な善意と矛盾しないということを、ある制限〔limitation〕のために思考していないからだというわけです。

そういうわけでマルブランシュ[11]――この観点からすれば、彼はキリスト教のプラトンでもあります。というのも、彼はもう一人のプラトン主義者、聖アウグスティヌスの相続者でもあるからです――は執拗に次のことを想起するよう促します。つまり、わたしたちは〈善〉一般、すなわち絶対的な〈善〉、つまりは神をしか意志することはできないのだ、と。したがって、あらゆる意志は、たとえその対象が特定の偶発的な対象であり、見かけのうえでは悪であったとしても、実際には〈善〉への意志、それゆえ神への意志、神への愛に由来するのだ、と。個々の善に、たとえば飲んだくれの愛着やワインへの愛のように、まさしく悪という名をとることもある個々の善にわたしたちが執着するのは、わたしたちの有限な知性が無限な意志、つまり神という真の対象を規定することができないからだというわけです。ワインボトルをとおして、飲んだくれが愛好しているのは神であるが、そのことを彼は知りません。なぜなら、わたしが神を拒否していると思っているとき、わたしが肯定しているのはなおも神であるからです……。意志はつねに、そして必然的に、無規定的で一般的な善への意志です。通りすがりに言っておくと、わたしたち自身も有限であり、無限な意志の恵みを授かりうるわけなので、わたしたちをとおして自らを意志し、純粋な愛によって自らを愛するのは神であるということになります。[12] 簡単です。

それゆえ価値の肯定は根本的なウィという形式をとっており、それとの関連からすれば、あらゆる否定は副次的で派生的で、〔ウィに〕依存しているように見えます。このことは、わたしたちを第三の見解と例へと導きます。

こうした価値の肯定は、存在の肯定や存在の措定よりもさらに根本的なものとして現われます。存在を措定するためには、意志、つまり存在を措定し思考しようと意志することが必要なのではないか。非‐存在よりも存在があるほうが善いことであるがゆえに、意志が必要なのではないか。ニヒリズムが極点に達して、神の存在にいたるまですべてを否定したときに、なお残るものが価値の肯定ではないのか。

（10）Michel de Montaigne, « Apologie de Raimond Sebond », dans *Les Essais*, Albert Thibaudet (éd.), Paris, Gallimard, coll. « Bibliothèque de la Pléiade », 1946〔ミシェル・ド・モンテーニュ「レーモン・スボンの弁護」、『エセー（4）』宮下志朗訳、白水社、二〇一〇年、二五〇頁〕. デリダはモンテーニュから端折って引用しており、「自然と調和する〔au consentir à la nature〕」という文のなかに定冠詞の « la » を補っている。

（11）行間には加筆があり、« deuxième exemple »〔第二の例〕とある。

（12）行間に、いくつかの語が加筆されている。« Le non = réduit au niveau de l'infini »〔ノン＝無限なものの水準に還元される〕.

これこそがラニョー[13]（ラニョーはアランの直接の師です）をして、有名な『神についての講義』のなかで次のように言わしめたものです。すなわち、神は存在する、[14]あるいは神は存在しないということを理解するためには、神の不在証明を経由する必要があるが、神は絶対的な価値という形式のもとで現われている。絶対的な価値としてのこの神がいなければ、思考も意志もやめざるをえず、無と混沌に進まざるをえないだろう、と。[15]

さて、これまでわたしたちはもっとも深いウィに到達し、それをウィではないものから純化し、ウィが思考や言説、意志の究極的な基盤であり、哲学の最初の言葉であることを示してきました。そのうえでこれから、第三にして最後のパートとして、次のような二重の問いをたてることが残されています。すなわち〔第一に〕、ウィが原初的で還元不可能であるとすれば、ノンの意味と起源はいかなるものであるのか。なぜ否定は存在するのか。なぜアランの「思考すること、それはノンと言うことである」はこうした深さのウィと矛盾しないのか。第二に、これから見ていくように、わたしたちが引き続き答えていくことになる第二の問いとして、価値論的な肯定、つまり絶対的な価値へのウィは、ラニョーが考えるように、先行的で原初的なものであるのか、それともより根本的な存在論的肯定〔affirmation ontologique〕に依存しているのか。ところで、この根本的な存在論的肯定とはなんなのか。

否定の起源の問いは、多くの点で近代的な問題です。忘れてはなりませんが、もちろん否定や否定性一般はプラトンのなかですでに問題にされています。そこで否定的なものは、「アペイロン」（無際限なもの－無限定的なもの）と限定の排除ないしイデアの他性という二つの形式のもとで現われます。それが、『ソフィスト』における他性と非存在（それゆえ、無限定性と排除）の問題です。おそらく、否定性は古典的な合理主義者によっても考察されています。とはいえ否定性はつねに、否定性ではないもの、すなわち存在するものの不在や欠如、欠陥として思考されてきました。それはまさしくカントに発するものでしかありませんが、彼はとりわけ『負量の概念を

（13）行間には「ラニョー」という語の下に、« troisième exemple »〔第三の例〕という加筆がある。

（14）余白に、デリダはラニョーからの引用を括弧付きで補足している。「（「無神論は神への信仰が腐敗するのを妨げる塩である」）」。Jules Lagneau, *Célèbres leçons et fragments*, Paris, PUF, coll. « Bibliothèque de philosophie contemporaine », 1950, p. 231.

（15）草稿には « ↕ » という補足記号があり、以下の括弧付きの文に続いている。« (Nous y reviendrons) »〔（この点については、あとで立ち戻ることにしましょう）〕.

哲学のなかに導入する試み』（一七六三年）のなかで、否定が差し引きや不在、欠陥等々であるのは論理的ないし言説上の意味においてでしかなく、論理的なものから現実的なものへと移るやいなや、力の闘争が存在すること、それゆえ「負量〔grandeurs négatives〕」が正量〔grandeurs positives〕の欠陥からくる影ではもはやないのみならず、まったく現実的な別の量であることを示してもいます（ここで留意しておいてほしいのですが、いみじくもボシュエはすでに、不幸〔malheureux〕が幸福ではないこと〔non heureux〕と等価ではなく、不正〔injuste〕が正義ではないこと〔non juste〕と等価ではない、[d]ということを指摘していました）。

続いて、ヘーゲルが否定的なものの働きを重要視し、それによってある運動が成し遂げられ、この運動はわたしたちをある伝統から脱出させました。[16]この伝統にとっては、否定は極度に不可能なものないし思考しえないものであり、つまりどんな場合にもそれ自身として存在を左右することがないものだったのです……。

前世紀末に、否定の起源と意味の問いが喫緊のものとしてあらためてたてられ、その緊急性が決して失われなかったのも、このような復興を基礎としています。

この問いがたてられうるのは、あるいは実際にたてられたのは、なによりもまず論理学的な形式においてです。否定判断はいかにして可能なのか。XはYではない、あるいは「空は青く［ない］」と言うとき、わたしはなにをしているのか。[17]

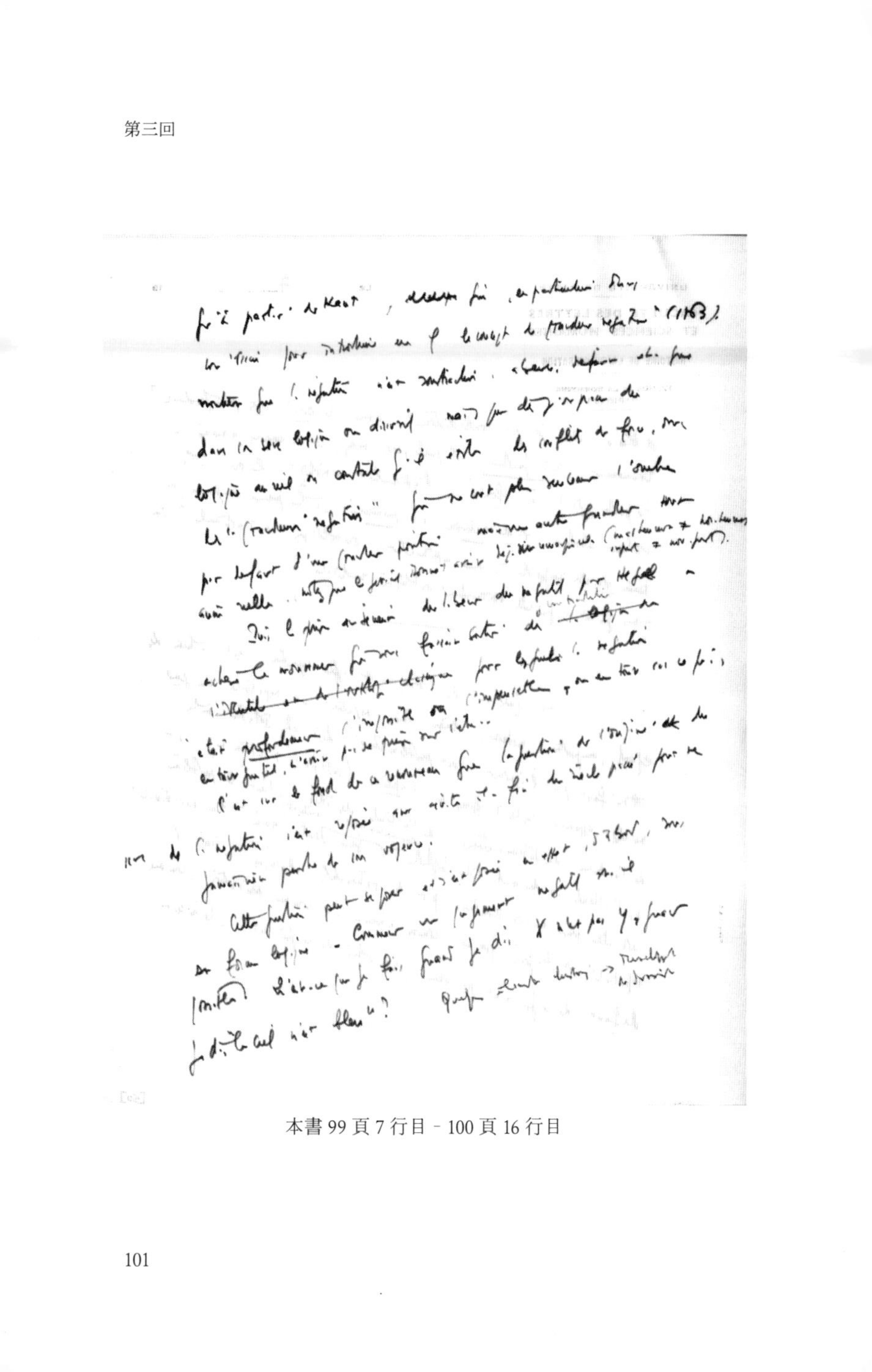

本書 99 頁 7 行目－100 頁 16 行目

その最初の傾向は明らかに、こうした〔否定の〕判断がどんな独自性も提示しておらず、そこで問題となるのが単なる肯定、つまりは主語と述語の不一致の肯定であると考える点にありました。わたしは空を措定し、青を措定し、そのうえで空と青の不一致や不合致を措定する、というわけです。こうした論理学的な観点からすれば、否定的なものは独自性をもたず（このことは別のところでカントも認めていました）、根本的な肯定の様態が変化したものであるかのように見えます。

そのため、前世紀末に、（ドイツの）ジグヴァルトや（イギリスの）ハミルトンのような論理学者たちが向かったのは、問題の解決というよりはむしろ、問題の縮小のほうでした。ジグヴァルトは『論理学』（第一部二二節）のなかではっきりと次のように言っています。すなわち、不一致とはまさしく、空は青くないとわたしが言うときに空と青を結合する否定の概念であり、不一致という否定の観念は、積極的であるような心的内容の現前によっても、この内容の不在によっても定義されえないだろう、と。なぜなら、不在であるようなAを思考することは、まずもって、そのAを思考することであり、したがってそれを精神に現前させているからだ、と。

それが意味するのは文字どおり、純粋な不在が思考不可能であるということであり、結局のところ否定は、可能性や他所、過去等々といったなんらかの記号の現前に働きかけることしかない、ということです。

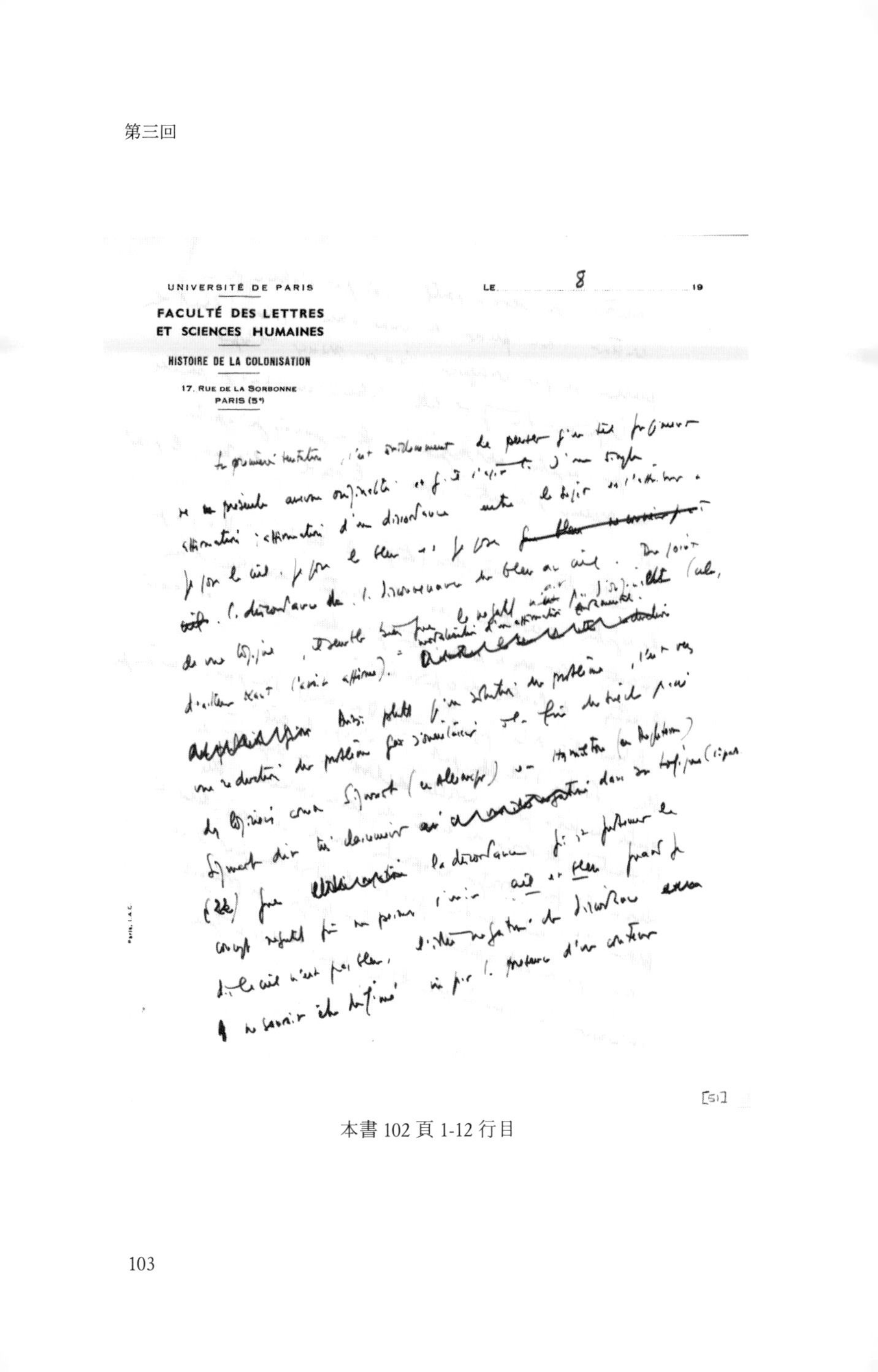

UNIVERSITÉ DE PARIS

FACULTÉ DES LETTRES
ET SCIENCES HUMAINES

HISTOIRE DE LA COLONISATION

17, RUE DE LA SORBONNE
PARIS (5e)

LE 8 19

Paris, I.A.C.

[51]

本書102頁1-12行目

ハミルトンも同じことを言っています（『論理学』第三巻、二一六頁）。「肯定という同時的な概念なくして理解されうるような否定は存在しない。というのも、わたしたちは、否定されるものの存在という観念をもつことなく、事物が存在することを否定することはできないからである」[18]。言い換えれば、二つの否定判断――一方では、「空は青くない」と言われる場合のように繋辞や述語の否定、他方では「空は存在しない」と言われる場合のように存在の否定――においては、否定は肯定の一様態、もしくは肯定が錯綜したものにすぎないということになるでしょう。それは、肯定という類の一種であるということになるでしょう。そこでは否定は、可能ではあるが誤った肯定を別の肯定によって訂正するためのものであることになるでしょう（たとえば、「空は灰色である（曇っている）」と言われたときに、「空は青い」と言おうとする場合）。だからこそカントは、もっぱら論理学的な平面に身をおきながら、次のように言ったのです。「わたしたちの認識一般の内容という観点からすれば、……否定的な命題は、単に誤謬を禁じるということをそれ固有の機能としている」[19]。

このような説明は、否定判断の形式、そしてそれを判断という類のなかで分類することにかかわります。しかし、たとえこの説明が十分で、その方向が良いものであったとしても、それは否定の起源についてはなにも言ってはいません。原初的で原理的な肯定が複雑化し、その様態が変化することになるのはどのようにして、そしてなぜなのでしょうか[20]。

一九〇六年に『哲学雑誌』に掲載され、後に『創造的進化』（一九〇七年）に再掲された有名なテクストにおいてベルクソンが、古典的であると同時に革新的な企てのなかで解決しようと試み

（16）草稿では、« de la logique de l'inutile et de l'ontologie classique »〔役に立たなくなった論理学と古典的存在論から〕は「ある伝統から〔d'une tradition〕」に代えられ、前者の文は削除されている。

（17）この段落に続いて、次のような加筆がある。« Quelques éléments historiques → développement du dossier »〔いくつかの歴史的な要素→関連資料の詳述〕.

（18）William Hamilton, *Lectures on Metaphysics and Logic*, vol. 3, 1860. 原文は次のとおりである（*Ibid.*, p. 216）。「それゆえ、以下のこともまた帰結する。すなわち、肯定という付随する概念を伴うことなしに理解されうるような否定は存在しない。なぜなら、否定される存在の観念をもつことなく、事物が存在することを否定することなどできないからである。〔Hence it also follows, that there is no negation conceivable without the concomitant conception of an affirmation, for we cannot deny a thing to exist, without having a notion of the existence which is denied.〕」

（19）ここでデリダは、『創造的進化』のなかでカントを引用したアンリ・ベルクソンから引用しているように思われる（*L'Évolution créatrice*, Paris, Félix Alcan, 1907, p. 312, note 3〔アンリ・ベルクソン『創造的進化』竹内信夫訳、新訳ベルクソン全集4、白水社、二〇一三年、xviii頁〕）。「Kant, *Critique de la raison pure*, 2e édition, p. 737. 「わたしたちの認識一般の内容という観点からすれば、……否定的な命題は、単に誤謬を禁じるということをそれ固有の機能としている」。*Cf.* Sigwart, *Logik*, 2e édition, vol. I, p. 150 et suiv.」。草稿には、引用のあとに括弧付きで三つの語があるが、線で削除されている。« (cité par Sigwart) »〔ジグヴァルトが引用した〕.

（20）行間には、括弧付きで次の文が加筆されている。« Pourquoi discordance, erreur ? »〔なぜ不合致、誤謬なのか〕

たのも、まさしくこのような起源の問題です。古典的というのは、この企てが存在の統一性〔unité〕と充溢性〔plénitude〕から出発しているからです。革新的でもあるのは、存在と持続の同一化こそがこうした存在の充溢性を可能にし、それが否定の問題を解決することを可能にする、ということをこの企てが示そうとしているからです。

ベルクソンの図式を繰り返してみましょう。もっともそれは、無秩序の観念や可能なものの観念に対して用いたものと、基本的には同じ図式です。

否定に独自性と避けがたい重要性をもたらすためには、なんらかの仕方で否定は無〔néant〕、それゆえ存在ではないにしろ、少なくともなにか無の現前や無の積極性〔positivité〕のなかに、その起源を見いだすことが必要となります。[21]

ところでベルクソンが言うように、無は行動から作りあげられたひとつの錯誤です。〔彼によれば〕あらゆる行動は[22]なにか欠如している対象に向かっており、まだ実在しないなにかを創造することを目指しています。そのため、行動が想定しているのは一種の部分的な非現実性〔irréalité partielle〕ではあるが、この部分的な非現実性は求められている現前性の不在でしかない。[23]このような不在、部分的な非現実性を実体化し、概念として一般化することで、わたしは無という錯誤を作りだすことになるのだというわけです。

それゆえ、この無という観念を追い払うことが重要となります。というのも、この観念はあらゆる古典的な形而上学の隠れた原動力だったからです。ベルクソン以前の哲学すべてを惑わせてきたのは、ホモ・ファーベル〔工作人〕によるある種の神話です。というのも、なにかが存在することはどこから否定されるのか、なにも無いのではなく、むしろなにかが存在するのはなぜかという問いをたてるとき、また「わたしとは誰か」からはじまり、わたしは自分の本質と実存をどこから引き出すのかという問いをたてるとき、これらの問いが仮定しているのは無であるからです。こうした仮定から出発するなら、実存は無のうえに獲得されるものとして現われます。存在は無の後に生じるのであり、存在は事後的に、後から加わるような仕方で無に生じるのだというわけです。そのような無をベルクソンは、存在の受け皿、絨毯、基体という一連のイメージで語っています。たとえ、事実上は、充溢に対して空虚があらかじめ存在しているわけではないということ、そして水の入ったコップにおいては、〔水を〕含み入れるコップの空虚は同時に、含み入れられる水によって満たされていることを認めるにしても、権利上かつ法の上では、空虚は充溢に先立つということになるだろう。つまり水の入ったコップを満たしうるために、このコッ

(21) 草稿には«↕»という補足記号がある。
(22) 行間には、«présupposition»〔前提〕という書きこみがある。
(23) 草稿には«↕»という補足記号がある。

プは権利上まず空虚であるのでなければならない、というわけです。

その結果ベルクソンは、ある別のイメージで次のように語ります（これは、たとえ〔判読不能な二つの語[24]〕がそのことに言及していないとしても[25]、つねに大変多くのことを暗示しています）。「わたしは、次のような考えを棄てることができない。その考えとは、充溢は空虚というカンバスのうえに描かれた刺繍模様であり、存在は無のうえに重ねられたものであり、「無い〔rien〕」の表象イメージのなかにあるものは、「なにか」の表象イメージのなかにあるものよりは少ないというものである[26]」。そこから、あらゆる神秘〔*mystère*〕が生じるというわけです。

さて、この神秘はひとつのまやかし〔*mystification*〕であり、無の観念は払いのけなければならない擬似観念です。

無を表象しようとするとき、ひとはなにをしているのか。

ところで、〔ベルクソンによれば〕ひとには次のことができます。
（1）無をイメージとして捉える〔想像する：imaginer〕。
（2）無を概念として捉える〔concevoir〕。
（〔判読不能な語[27]〕ベルクソンの意味での）想像力〔*imagination*〕によって、あらゆる外的な対象と可能な外的対象のすべてを無化するとき（両目を閉じるなどして……）、わたしはもはや内的な対象しか知覚しません。逆に、あらゆる内的なイメージを無化するときには、わたしは外的対象だけを知覚します。

「〔ベルクソンは言います〕一方の不在は、結局のところ他方の現前のうちにある。だが〔ここでベルクソンは錯誤の欺瞞とメカニズムについてさらに語ります〕、これら二つの相対的な無が交互に〔*tour à tour*〕想像可能であるからといって、その二つを同時に〔*ensemble*〕想像できると考えるのは間違っている。そうした結論が馬鹿げているのは、すぐにわかることである。というのも、漠然とではあっても、あるひとつの無を想像していることに気づくことがなければ、つまり自分が行動し、思考し、その結果そこになにかが存在しているということに気づくことがなければ、無を想像することなどできはしないだろうからである[28]」。

無の想像力。それゆえそれは、二者択一的な継起を同時性〔*simultanéité*〕へと還元することな

（24）草稿には判読不能な二つの語があるが、おそらく« son point »〔その要点〕であると思われる。

（25）草稿では、« pas expliqué »〔説明されていない〕が削除されて、「そのことに言及していない〔le mentionne pas〕」に変更されている。

（26）H. Bergson, *L'Évolution créatrice, op. cit.*, p. 299〔アンリ・ベルクソン『創造的進化』、前掲書、三一九頁〕. イタリックは原文にもあるが、デリダもこれを強調している。原文では、引用された文章は「そこからあらゆる神秘が生じる〔De là tout le mystère〕」という文で終わるが、デリダをこの文を自身で敷衍している。

（27）草稿には判読不能な語があるが、おそらく« donc »〔それゆえ〕である。

のです。

しかし、無をイメージとして捉えることができないとしても、わたしはそれを概念として捉えることはできないのか（*Cf.*デカルトの千の辺をもつ多辺形）。わたしたちはある対象の廃棄〔abolition〕(e)をつねに思考することができるのであり、こうした知性の働きを無限に拡げるなら、無はこうした働きの限界概念〔*concept limite*〕であることになるでしょう。しかし、まさにこうした限界への移行こそ、知性的には矛盾しており、不条理なものだとベルクソンが判断するところのものです。廃棄や破壊という観念は、相関者として全体の一部分だけをもつにすぎず、全体そのものをもっているわけではない。〈全体〉の廃棄という観念は、四角い円のそれと同じ特徴を提示している。それはもはや観念ではなく、ひとつの言葉である。全体とは、廃棄されえないものであるが、部分的に廃棄することは可能であるところのものである、というわけです。それゆえ、絶対的な空虚は存在しません。空虚とはつねに特定の、ある部分的な不在の場所ですが、不在の対象はつねに、現前する別の対象に取って代わられています。結局のところ、存在のなかにあるのは決して破壊や廃棄ではなく、置換〔*substitution*〕なのです。そのため、想起――つまり、別の対象に置き換えられ、今はもう存在していない対象の想起――をすることのできる存在にとってしか、あるいは予期したり欲望したり嗜好したり、それゆえ失望したりすることのできる存在にとってしか、不在は存在しないのです。したがって、充溢がつねに充溢に続いているのであって、そこには悔恨も欲望も、いかなる不在もありません。「空虚の表象はつねに充溢的な表象であり、それを分析してみると、この表象は次のような二つの実在的要素からなる。ひとつは、判明としたものであれ漠然としたものであれ置換という観念であり、もうひとつは、経験されたものであれ想像されたものであれ欲望や悔恨の感情である[29]」。

したがって、逆説的にも無は全体であり、空虚は充溢と同じであり、否定された対象は、措定されたもしくは肯定された対象の観念にほかなりません。というのも、ベルクソンが言うように、「「存在しない」対象の観念は必然的に「存在する」対象の観念であり、さらに、それはこの対象を現実の実在全体から排除するという表象を伴っている[30]」からです。

---

(28) H. Bergson, *L'Évolution créatrice, op. cit.*, p. 302〔アンリ・ベルクソン『創造的進化』、前掲書、三二三頁〕. 強調と注記はデリダ。ただし〔『創造的進化』の原文では〕、引用箇所の最初の文章には「他方の排除的現前のうちに〔dans la présence exclusive de l'autre〕……」とあるが、デリダは〔「排除的〔exclusive〕」という〕語を記すのを忘れている。

(29) H. Bergson, *L'Évolution créatrice, op. cit.*, p. 307〔アンリ・ベルクソン『創造的進化』、前掲書、三二七―三二八頁〕.

ここでベルクソンは次のような反論にぶつかりますが、それは彼をして、このような否定判断の発生の記述を明確にすることを可能にします。

その反論とは次のようなものです。たしかに事実上は、実際には、現実には、わたしにできるのはある事物を別の事物によって置き換えることだけであり、たしかに現実の無というのはナンセンスである。とはいえ、事物を理念的に廃棄し、ある否定判断にもとづいて無を思考し、空の青さや然々の対象を否定することがわたしにはできるのではないか。

ベルクソンの眼には、このような仮定があらゆる誤謬の源泉にあると映ります。なぜならそれは、可能性としてノンをウィの対称物と見なし、したがって〈無い〉が全体の対称物であると見なしているからです。ところで、〔ベルクソンによれば〕そんなことは、まったくありません。このような対称性がなぜ不可能なのかは、すでに見ておきました。ここでは、補足的な理由を見ておきたいと思います。

ベルクソンが言うように、肯定が完全な知性の行為であるのに対し、否定は〔その完全さを〕損なった肯定にすぎません。否定は知性の行為の半分でしかなく、それはある肯定を別の肯定に置き換えることなく、可能な肯定を遠ざけます。

たとえば、「このテーブルは白い」と言うとき、わたしは自分が肯定するものを知覚し、自分が知覚するものを肯定します。わたしの判断は直接的に知覚のなかに根拠をもちます。それに対し、「このテーブルは白くない」と言うとき、わたしは白くないことを知覚しているわけでも、白の不在を知覚しているわけでもなく、依然として黒色や赤色、黄色などを知覚しています。

だからこそ、それ〔否定〕は不完全な行為なのです。わたしは間違った判断やありうる判断の代わりにならねばならないものを完全なものにすることも、それを〔直接〕語ることもなく、〈テーブルが白いという〉肯定を遠ざけているのです……。[31]

それゆえ否定判断において、「テーブルは白くない」と言うことでわたしのもつ判断は、テーブルそのものに関するものではありません。わたしがもつのは、テーブルが白いと言明するであろう別の判断[32]についての判断です。わたしは判断を判断しているのであって、テーブルを判断しているわけではないのです。ここから、ベルクソンは次のように言うことができます。「否定は、それが二次的な、レベルの肯定であるという点で、〔……〕肯定〔……〕とは異なる。ある対象につ

(30) *Ibid.*, p. 310〔アンリ・ベルクソン『創造的進化』、前掲書、三三二頁〕. 強調はデリダ。

(31) 草稿には《↕》という補足記号がある。

(32) ここで行間に書きこみがあるが、おそらく《possible (virtuel)》〔可能的(潜在的)〕であるように思われる。

いてなにかを肯定している肯定について、否定はなにかを肯定しているのである」[33]。

肯定についてなにかを肯定すること、したがってそれは少なくとも、ひとが訂正しようとし、覆そうとし、その正当性を疑おうとしているひとつの肯定に対し、あらかじめ応答することです。だからこそ、他人とわたしのあいだで、わたしとわたしのあいだである対話が設けられているということを否定は前提としているのです。ベルクソンがはじめてというわけではありませんが、否定が教育的な機能をもち、否定には「社会のはじまり」[34]があると彼が述べるとき、彼は否定性と弁証法のあいだの絶えざる共犯関係に注意を促しています。そこでは否定は教えるためにあり、誤りを告発するためにあり、それを警戒するためにある、というわけです。否定が本質からして弁証法的であるとすれば、それは、主人と奴隷の弁証法ではなく、教師と学徒の弁証法〔dialectique *du maître et du disciple*〕を示しているのです。

しかし、この健全な教育的機能にも、錯誤が滲み出ています。それは、論理学的な形式主義が過大評価され、否定判断が肯定判断と対称的なものとされ、慣習的な言語の数々の単語が事物とみなされ、論理学的かつ言説上の否定が実体化され、この否定が現実にある無、非存在としてありうるような存在とみなされてしまうときです。

それゆえ否定は言語や知性、行動、社会の産物であって、〔『創造的進化』の〕三一六頁でベルクソンが語っているように、「これらすべてを廃棄したと考えるなら〔……〕」、みなさんからは

「なにかを否定しようという気持ちすべて[35]」が取り去られているでしょう。そもそもこれは、あまりに明白なことです。このベルクソンのテーゼのなかに、あまりに陳腐で、自明なもののなかでも取るに足らないわかりきったものを見ることをしないようにするためにも、次のことを忘れてはなりません。すなわち、言語や知性、行動を取り去るもしくは引き抜くことによってひとはすべてを、とりわけ精神に本質的なことを取り去っているわけではなく、まさにその反対なのだ、

(33) H. Bergson, *L'Évolution créatrice, op. cit.*, p. 313〔アンリ・ベルクソン『創造的進化』、前掲書、三三四頁〕. 強調はデリダ。ただし、彼はいくつかの語を記すのを忘れている。
(34) *Ibid.*, p. 312〔アンリ・ベルクソン『創造的進化』、前掲書、三三四頁〕. 強調はデリダ。
(35) *Ibid.*, p. 316〔アンリ・ベルクソン『創造的進化』、前掲書、三三九頁〕. デリダが敷衍しているのは、原文の次の一節である。「今仮に、言語というものが廃棄され、社会というものが解体され、知性の主導性や、自らを二重化したり判断したりする能力がことごとく人類において衰退したと仮定してみよう。だからといって、地面の湿り気がなくなるわけではなく、相変わらずそれは感覚によって自動的に感知されうるだろうし、鈍化した知性にもその漠然たる表象を送り続けることはできるだろう。これまでどおり、知性は暗示的な言い回しによって肯定を行うだろう。そして、その結果として、判明な概念も、単語も、自分のまわりに真実を発信したいという欲望も、自己自身を向上させたいという欲望も、肯定の本質そのものではなかったことになるだろう。しかし、この受動的な知性は、経験の歩みをそのまま機械的に追いかけ、現実の流れに先行することも遅滞することもなく、なにかを否定しようなどとは少しも思わないはずだ」。

と。むしろ、こうした批判のすべては、言説を越えでる直観〔intuition méta-discursive〕と充溢にある持続の存在とをその権利において取り戻すためのものなのだ、と。

事実、無という擬似観念を介して、その起源が論理学的 - 言説的な否定のなかにあることを思い起こしたあと、ベルクソンはふたたび無へと立ち戻り、「なにかが存在するのはなぜなのか」という問いには意味がないことを示そうとします。ところで、持続の哲学にとって障害をなしているように思えたのは、まさにこの問い、つまり〔無という〕擬似観念から生まれたこの擬似的な問いです。というのも、この問いは一種の変動〔révolution〕によって無から突如としてそれ自身に出現した静態的存在を前提としており、この無がそれを生み出すからです。

「〔ベルクソンは次のように書いています（『創造的進化』三二二―三二三頁）〕以上の長い分析は、自らに自足している実在があるとしても、それは、必ずしも持続とは無縁の実在であるわけではない、ということを示すために不可欠だった。もし仮に、〔意識的にであれ、無意識的にであれ〕無の観念を介して〈存在〉の観念に到達できたとしても、そうして到達される〈存在〉は論理学的あるいは数学的な性質のものであり、したがって非時間的性質のものである。そして、そうである以上、現実的なものの静態的概念化は避けることができないものになる。一度に、永遠なるものとして、すべてが与えられたように見える。しかし、わたしたちは〈存在〉を直接に思考することに慣れなければならず、回り道をしたり、〈存在〉とわたしたちのあいだに介在する無という幻影に最初から依拠したりしてはならない。ここで為すべきことは、見るために見ることであって、行動するために見ることではもはやない。そうすれば、〈絶対者〉はわたしたちの間近に、ある程度まではわたしたちのうちに、その姿を現してくるだろう。〈絶対者〉は心理学的な本質をもつものであって、数学的なものでもなく、論理学的なものでもない。〈絶対者〉はわたしたちとともに生きて活動している。わたしたちと同じように、しかしある面では、より限りなく集中させられ、よりいっそう自らのうえに凝縮されて、その〈絶対者〉は持続している」[36]。

急いで忘れるようなことがあってはなりませんが、ベルクソンの思想の運動がその力強さと深さにおいて表しているように、否定性は直観や直接性の哲学——それはつねに充溢性の哲学です——のなかに場をもってはいません[37]。無が存在にもたらされ、〈絶対者〉がおのれ自身から切り離されるのは、つねに言説によってなのです。非存在と言説は互いに連動しており、存在と見なされた〈絶対者〉は権利上では、その要素として沈黙しかもっていません。「ハイデガーと有限

---

(36) H. Bergson, *L'Évolution créatrice*, *op. cit.*, p. 323〔アンリ・ベルクソン『創造的進化』、前掲書、三四七頁〕. 強調はデリダ。

(37) 行間には、次のような一文が加筆されている。« C'est-à-dire affirmation de l'être dans toute philosophie, et en particulier celle de la valeur »〔つまり、あらゆる哲学における存在の肯定、そしてとりわけ価値の肯定〕.

性の思考」に関する非常に見事な論文（R. I. Ph）[f]——難解で掴みづらいところがありますが、大変豊かな論文です——のなかでビロー氏が語っているように、「語ること、つねにそれは神に抗して語ること」であり、「言説は正真正銘、無神論のはじまりである」[38]のです。

とはいえ、ここで問題なのはベルクソンを「批判する」ことではありません。そのうえ、ある哲学者を批判することはくだらない身ぶりであって、そんなことに意味はなく、そうした身ぶりは必然的に無理解のなかで動き回ることになるでしょう。ここで行うことができるのは、ベルクソンの哲学を反復し、彼の哲学から出発して次のような三つの問いをたてることです。

（1）判断や記述的な言語という平面のうえでは、肯定と否定の非対称性が決定的なものであると言えるだろうか。そして両者の対称性が破棄され、その結果、肯定が原初的でより根底的であることになるだろうと言えるのか。

（2）もっとも根底的な意味での言説は不可避的に堕落であり、行動へと向かう思考にとって偶発的なものなのか。そこには、否定の意味に影響するような悪い意味しかないのか。

（3）こうした否定の批判をめぐって、絶対的な〈存在〉の本質を心理学的なものと規定することはできるのか。「〈絶対者〉はわたしたちの間近に、ある程度まではわたしたちのうちに、その姿を現してくるだろう。〈絶対者〉は心理学的な本質をもつものであって……[39]」。

これら三つの問いに答えるために、次回はこの講義の締めくくりとして、次の四人に助けを求めることにします。

（1）――まずラシュリエ。彼はベルクソンの言うような、いわゆる論理学的な非対称性を批判しています。

（2）――次にフッサール。彼は、心理学的な起源の手前で、そして述定的な判断のただなかで否定の超越論的な起源を記述し、ある図式を組み立てます。この図式はベルクソンのものとやや似ていますが、その図式≠〔判読不能な語〕[40]≠心理学的なもの。

（3）――そしてサルトル。彼は否定のなかにまったき前判断的なものを見ており、否定性を対自の構造に結びつけます。

（38）Henri Birault, « Heidegger et la pensée de la finitude », *Revue internationale de philosophie*, vol. 14, n° 52 (2), 1960, p. 140.

（39）H. Bergson, *L'Évolution créatrice*, *op. cit.*, p. 323〔アンリ・ベルクソン『創造的進化』、前掲書、三四七頁〕.

（40）草稿にある判読不能な語は、おそらく « prédicatif »〔述定的なもの〕であると思われる。

(4)——最後にハイデガー。彼にとって[41]存在の思考は、たとえば不安のなかで、存在者の全体を無化することを前提としています。

---

(41) 草稿には次のような文があるが、線で削除されている。« l'origine de la négation ne peut se trouver dans aucun étant quel qu'il soit, conscience pour soi〔否定の起源は、それがなにであれ、いかなる存在者のなかにも、意識や対自のなかにも見いだされえない〕

第四回

前回、わたしたちは信という根本的で価値論的なウィの定義から否定の起源と意味とを問うよう促され、この小論の第三にして最後のパートに至ったのでした。前回の講義で見たように、〈信〉という価値論的なウィ――それを前回わたしたちは、アランとともに定義したわけですが――は、（1）思弁的な価値論の秩序では懐疑主義的な懐疑と方法的懐疑に抵抗し、（2）道徳的な価値論の秩序では実践的なニヒリズムにさえ、より原理的な仕方で抵抗しているのでした。そのことをわたしたちはプラトン、マルブランシュ、ラニョーとともに、三つの段階から見てきたわけです。このウィが還元不可能なほどに原初的であるとすれば、ウィはいかにして否定に巻きこまれることになるのか、それでもなお価値論的なウィは存在論的なウィに依存しているのではないか。

これらの問いに踏みこむことで、わたしたちはジグヴァルトやハミルトンのような論理学者たちの立場を明示することになりました。彼らは起源の問いをたてることはせず、すでに構成された判断の水準から、否定のなかに肯定という類の一種を見ていたのでした。

起源の問いが本当の意味でたてられるのはベルクソンとともにであり、前回わたしたちは彼の記述を詳細に分析してきました。この分析の果てに、わたしたちは以下のようないくつかの問いをたてたわけですが、今日は講義の締めくくりとして、これらの問いを改めて取りあげることになります。

（1）[1] まず、肯定判断と否定判断の非対称性についてのベルクソンの証明にしたがうことができるのか。覚えていると思いますが、ベルクソンによれば否定判断は不完全で、副次的で、弁証法的な判断です。

——不完全というのは、否定判断は事物がなにではないかを語るだけで、それがなにであるかを語ることはないからです。

——副次的というのは、否定判断はそれが遠ざけるところの肯定判断にかかわるものであり、

（1）草稿では、これ以降に番号は付されていない。

否定判断が形容するところの対象にはかかわっていないからです[2]。

——弁証法的というのは、誤ってしまった他者の誤謬を前にしてそれを告発し、警告するという教育的で社会的な機能を否定判断はもつからです。

ところで、わたしたちには次のように問う権利があります。すなわち、判断、述定的な態度、つまり「これこれはそれそれである」と言ったり「これこれはそれそれでない」と言ったりする者の態度に関して言えば、同じ不完全性や副次性、弁証法性という特徴を肯定判断のなかにも見ることはできないのかどうか、と。その場合、対称性が復権することになるでしょう。

とりわけラシュリエやゴブロ[a]のようなひとびとが思考したのは、まさにこのことです。「テーブルは白い」と言うとき、わたしは素朴にわたしにとってそうであることを知覚する必然性だけでなく、そのように語り、ある判断を言明しているという必然性をも経験しています。そうであるのは、わたしは暗黙のうちに、〔肯定判断と〕対称的な否定判断の可能性を経験しているからです。「テーブルは白い」とわたしが言うのは、わたしがテーブルをそのように見ているからだけでなく、ひと〔*on*〕がそれとは反対のことを言うことがあるかもしれないからです。この「ひと」には誰を含めてもらってもかまいません。それは主体一般でも、先週お話ししたような学徒でも、あるいは以前の、もしくは今後のわたし自身でもよいのです……。

肯定判断がひとつの言語であるかぎり、それは、はじめて咄嗟に言明されるときには(3)もう対話状況のなかにあります。肯定判断は、あらゆる判断と同様にひとつの命題〔前に置かれるもの：*proposition*〕です。それは前に措定されるもの、前に置かれるもの、つまり評価を下すだろう一人の他者との出会い〔rencontre d'un autre〕の前へと進められるなにかであり、この出会いは、〔わたしと〕反対のことを他者が語ることができ、そう言わんとすることをつねにすでにわたしが前提しているような、そうした他者との出会いです。肯定判断は、つねにひとつのテーゼです。とはいえ、そのテーゼと反対のものに対して、この反対のものが証明可能であるということに対して、つまりアンチテーゼに対して言明するのでなければ、わたしはそのテーゼを言明したり表明したりする必要を感じることがなかったでしょう。わたしはまさに、肯定判断という仕方でこのアンチテーゼを削除訂正しているのです。おわかりのとおり、肯定判断にも否定判断への準拠がとり憑いており〔hante〕、この否定判断への準拠のために肯定判断のテーゼは、ある証明の仮説へと

（2）草稿では、ここに次のような書きこみがある。« jugement → jugement / encore → ‹ un mot illisible〔判読不能な語〕› ».

（3）草稿では「咄嗟に〔primesautière〕」という語が後から円で囲まれており、「言明〔énonciation〕」という語のうしろにくるように矢印が引かれている。ここでは、読みやすさを考慮して、元の順番のままにしてある。

宙吊りにされています。それゆえ、ベルクソンが否定判断について語ったことは、肯定判断についても言えるでしょう。つまり、肯定判断は対象についての判断であるのに劣らず、可能な判断についての判断でもあるのだ、と。したがって、肯定判断は否定判断とまったく同じように、副次的で弁証法的であることになります。結局のところ、ベルクソンが定義した〔否定判断の〕特徴は、判断の態度一般の特徴、客観的な言語一般の特徴であることになります。

さきほど述べたように、こうした反転の原理がラシュリエのなかに見いだされます。彼はさらに進んで、無の観念の批判そのもの——これは、否定判断に関するベルクソンの記述と連動していたものです——を標的にします。

これから説明をしていきますが、ラランドの事典[4][b]の非常に短い考察のなかでラシュリエは、実際のところ、次の二つのうちのいずれかだと語っています。[5]すなわち、精神と思考はなにものかであるか、さもなくばそれらはなにものでもない。もし精神と思考がなにものでもないのなら、問題は解決済みで、存在者〔existant〕や存在者の全体を否定することはひとつの夢想にすぎず、一種の「英雄ぶった」幻想でしかない。この幻想によってわたしは、根拠に乏しく取るに足らない仕方で半ば神のような性質〔demi-divinité〕[6]を自分に与えようとし、イメージや空虚な概念をつうじて、わたしなしに十分存在している存在〔existence〕を無に帰するのだというわけです。[7]問題は架空のものを自らに与えるような単純な錯覚ではなく、現実的なものを自分から剥奪することができると思いこむような逆向きの錯覚であることになるでしょう。

しかし、仮に精神と思考がなにものかであるとして（そのことをベルクソンは他の誰よりも否定することはないでしょうが）、それらが存在を措定するのを拒んだり、差し控えたりする場合には、精神と思考を真剣に捉えなければなりません。問題は精神と思考の哲学的な自由であり、精神の存在は自由であるというわけです。

ラシュリエは次のように書いています。「もし精神と思考がなにものかであり、存在すること〔*exister*〕が精神によって措定されることであるとするなら、精神は等しく自由に、どんな存在をも措定することができるし、どんなものでも措定するのを拒むことができる（あるいは少なくとも、抽象によって自らをなにも措定しないものと考えることもできるし、こうした自由を現に遂行するのとは無関係に、おのれ自身の自由を考えることもできる）。ベルクソン氏の指摘は、彼の実在論の

（4）後になってデリダは、「ラランドの事典〔dictionnaire Lalande〕」という語を括弧で括っている。

（5）André Lalande, *Vocabulaire technique et critique de la philosophie*, 6e édition, Paris, PUF, 1950. ここでデリダがジュール・ラシュリエから引用している箇所は、この事典の「無」という項目のなかに見られる。

（6）「半ば〔demi-〕」という語の下の行間に、« pseudo »〔擬似〕という語が加筆されている。

（7）草稿の余白部には、« L'être ne s'émeut pas de notre négation »〔存在はわたしたちの否定によって揺り動かされることがない〕と思しき加筆がある。

観点から見れば、とりわけ本質に迫るものでまったく正しい。しかし、この指摘は彼の実在論そのものに背いている。無の観念は必然的に「自由」の観念をもたらし、「自由」の観念を確証しているのである（これは、わたしの言う意味での「自由」であって、ベルクソン氏の言う意味ではない[8]）」。

このテクストに立ち戻ることにしましょう。

もし精神と思考がなにものかであり……、

（1）[9] 存在することが精神によって措定されることであるとするならば。存在することが精神によって措定されることであると述べること——それはスピリチュアリズムのテーゼであり、彼はそのように述べなければなりませんでした——、それは素朴に、存在がその現実性において、その肉体性〔*chair*〕において、その存在性において、精神の創造的な決定に依存しているのだということを意味するわけではありません。存在することが精神によって措定されることであるということ、このことが意味するのは、存在がその存在の意味において承認され、存在が存在者として、それ自身として措定されうるということであり、存在が「それとして」存在することができるのは、ただ精神の作用によってである、ということです。このテーブルはただそれだけで存在しており、どんな精神の作用もそのテーブルを存在させることはありません。存在することが意味しているのはまさにこのことです。ただし、このテーブルは精神の作用によってのみ、存在者という意味をもち、存在していると言われることができます。こうした精神の作用がなければ、テーブルの存在は決して現われず、いかなるロゴスをも、いかなる哲学をも基礎づけることがないでしょう。ところでいましがた見たように、精神がロゴスや哲学に応答責任をもつためには、この作用は自由でなければなりません。それが自由であるのは、この精神の作用が（懐疑主義的な意味と同じく、語の現象学的な意味での）「エポケー」のようななにかによって、存在を措定したり、措定しなかったりすることができるからです。この「エポケー」がもっとも高次の可能性、つまりもっとも高次の精神の自由を示しているのです。

だからこそ、[10]ラシュリエは「存在することが精神によって措定されることであるとするなら、精神は等しく自由に、どんな存在をも措定することができるし、どんなものでも措定するのを拒むことができる（あるいは少なくとも、抽象によって自らをなにも措定しないものと考えることもできるし、こうした自由を現に遂行するのとは無関係に、おのれ自身の自由を考えることもできる）[11]」と書

（8）André Lalande, *Vocabulaire technique et critique de la philosophie*, 6e édition, Paris, PUF, 1950.

（9）草稿には、これ以降に番号は付されていない。

（10）草稿でデリダは、「等しく〔même〕」という語を幾度も強調している。

（11）André Lalande, *Vocabulaire technique et critique de la philosophie*, 6e édition, Paris, PUF, 1950.

くのです。つまるところ、わたしは想像力〔imagination〕によってなにかから現前性や存在という意味を取り去り――そのことをわたしたちはサルトルとともに見たわけですが――、想像力によって世界の全体性に関して存在定立を極限まで宙吊りにすることができるわけですが、このような想像力や空想〔fantaisie〕は精神の真の重要性です。この重要性は精神の能力の根源的で本来的な意味において、おのれ自身に現われます。それゆえ、否定や無の思考によってこそ、精神は自らを自由として認めるのです。そうした否定する自由がなければ――この点は重要ですが――、肯定そのものが不可能となり、価値をもたないことになるでしょう。「テーブルは白い」と述べるとき、条件反射や身体の欲求、あるいは単なる生理学的な知覚の延長であるような「自然的」な身ぶりをわたしは実行しているわけではありません。わたしの肯定判断が真理という価値をもつためには、わたしは真理に向かって自由になにかを選択し、わたしが言ったのと異なるものを語ることができたのでなければなりません。このことは、述語に関する判断〔jugement attributif〕にあてはまります。

それと同じことが存在に関する判断〔jugement d'existence〕にも言えます。それは、〔たとえば〕テーブルがあるとわたしが言うときです。「テーブルがある」と言う場合、わたしが前提としているのは、そのテーブルが存在しないと思考することができ、そのように措定しうるということです。ベルクソンは、ある変わった仕方で存在論的な議論に対するカントの批判を用いていました。ベルクソンはカントに依拠しようとしながら、いわばカントの意図を反転させてこう述べます。曰く、Aを存在者もしくは非存在者として措定することは、（その定義からして）Aという概念になにも変化をもたらさない。(12) それゆえ、Aを非存在者として思考することは、それを存在者として思考することと同じことである。Aに存在を認めないとき、わたしはAと異なるものを思考しているわけではない。したがって、否定ないし「無化〔néantisation〕」は幻想である。なぜなら、思考することは存在者を思考することだからである、というわけです。この興味深いカント哲学の解釈は最終的に、カントのそれとは根本的に異なる立場に達し、非存在は概念を変えることがないために、概念のなかに存在を位置づけるに至ります。ところでカントにとってはまさに、存在も非存在も概念のうちにあるわけではなく、それらはまったく根源的で論理の外にあるような措定や非措定という二つの作用を要求しているだけなのです。

それゆえ、ベルクソンは彼の実在論の観点からすれば正しいが、無の観念への批判は彼の実在論に背いている、そうラシュリエが述べるとき、彼が言わんとしているのは次のことです。すなわち、たしかにベルクソンは、あらゆる思考がまずもって存在者の直観でなければならず、存在

（12）草稿には《↕》という補足記号がある。

はつねに否定しえないもの〔*indéniable*〕であると語る点では、実在論と整合している。だがこのテーゼは、それが自由に権利を認めないという点で、実在論に背いている。なぜなら――すでに見たことではありますが――、存在とその「否定不可能性」を肯定することが価値と意味をもつのは、あくまでこうした自由から出発してのことだからだ、というわけです。最終的にはラニョーの考えに、つまり存在の存在論的肯定が価値の価値論的肯定に依存している〔という考え〕に話が帰着します。真の実在論、つまり哲学的な実在論、考え抜かれていて批判的で、素朴でも動物的でもない実在論は、存在の全体性に関して自由を、それゆえ否定という能力を前提としています。このことから、ラシュリエは「無の観念は必然的に「自由」の観念をもたらし、「自由」の観念を確証しているのである[13]」と結論し、「これは、わたしの言う意味での「自由」であって、ベルクソンの言う意味ではない〔dans mon sens de ce mot et non dans celui de Bergson〕[14]」と加えることができるのです。

というのも、もちろんベルクソンにとって自由は、『意識に直接与えられているものについての試論[15]』の最終部で批判されたような、反対物からなにかを選ぶという抽象的な可能性ではなく、純粋で具体的かつ生き生きとしている持続における〔判読不能な語[16]〕生成変化だからです。

ベルクソンがこうしたラシュリエの批判からいかに免れようとするのかが、よくわかります。彼は次のように譲歩することでそうするでしょう。つまり――語のもっとも根底的な意味で――

判断と言語の水準には依然としてウィとノンの対称性があるが、あらゆる判断と言語とが最終的につねに前述定的で沈黙した知覚を指示しているかぎりで、やはり対称性は本源的な肯定のために破棄されるのだ、と。もっとも、彼は明確にそうしているわけではないという点に注意してください。彼のあらゆる分析は判断の平面で展開しており、彼がその優位性を示そうとするのも判断と肯定の言語なのです。

ゴブロもまた、そのように考えます。彼は『論理学概論』のなかで、ラシュリエの批判に同意し、還元不可能で根源的な断定〔*assertion*〕をもつのは知覚であって判断ではないと結論します。『概論』の一六七頁で彼は次のように書いています。

> 肯定判断は「〜を否定したり疑ったりするのは間違いだろう」という様態をとる表現によっ

(13) André Lalande, *Vocabulaire technique et critique de la philosophie*, 6e édition, Paris, PUF, 1950.

(14) *Ibid.* デリダは、「(これは、わたしの言う意味での「自由」であって、ベルクソン氏の言う意味ではない)〔(dans mon sens de ce mot et non dans le sien)〕」とあったもともとの引用を変えている。

(15) H. Bergson, *Essai sur les données immédiates de la conscience*, Paris, PUF, 1948〔1927〕〔アンリ・ベルクソン『意識に直接与えられているものについての試論』竹内信夫訳、新訳ベルクソン全集1、白水社、二〇一〇年〕.

(16) 草稿にある判読不能な語は、おそらく« autre »〔他なるものへの〕だと思われる。

て言明されることもある、ということをまず指摘しておこう。否定判断の弁証法的で論争的な特徴――ベルクソン氏の言う「教育的で社会的」な特徴――は大部分の肯定判断にも属している。肯定は可能な否定に対する抗議でありうるのであり、肯定もまた「誰かに向けられるものであって、なにかに向けられるものではないのである」。

区別を設けるべきは、ほかにある。[17] あるときには、肯定的であれ否定的であれ、判断というものは問いかけへの応答であり、吟味の結果であり、議論を閉じることであり、懐疑の終わりである。その場合、ウィはノンの可能性を前提とし、ノンはウィの可能性を前提としている。またあるときには、判断はそもそものはじめから生じており、そうした判断はおそらく先行する吟味をもたない。なぜなら、そのような判断は「応答」[18]ではなく、突如として生じ、誰も尋ねることがなかった情報だからである。その場合、判断は肯定的なものでしかありえない。あらゆる知覚に含まれている断定の場合が、それである。[19]

ゴブロにおいてなおも厄介なのは、彼が古典的な主知主義にしたがい、なおも知覚を一種の判断［に］していることです。知覚的であれ、そうでないのであれ、あらゆる判断は根源的な断定の直接性と断絶している以上、こうした主張は一貫性を保てなくなる恐れがあります。したがって、こうしたテーゼにあらゆる説得力を与えることができるためには、判断の手前に［判読不能な語」[20]向から必要があります。そのとき、たとえ最終的にウィが根源的であるとしても、判断や言語に先立って、すでにして可能な否定が存在することがわかるでしょう。

これこそ、『経験と判断』（*Erfahrung und Urteil*）[21]の第二一節でフッサールが示そうとしていることです。この著作はフッサールの弟子のひとりであるラントグレーベによって編纂され、一九一九年の草稿にもとづいて、一九三八年までフッサールの注意深い監修のもとで入念に作成されたものです。

フッサールの記述は、結論としてはベルクソンのそれと図式上は似ていますが、ベルクソンの記述に対して二つの利点をもっています。

（1）フッサールの記述は、判断を基礎づけるところの前述定的な経験の深みにまで下降します。[22]

（17）強調はデリダ。
（18）強調と括弧の追加はデリダ。
（19）Edmond Goblot, *Traité de logique*, Paris, Librairie Armand Colin, 1918, p. 167.
（20）草稿には判読できない語がひとつあるが、おそらく « résolument »〔敢然と〕である。
（21）Edmund Husserl, *Erfahrung und Urteil : Untersuchungen zur Genealogie der Logik*, Hamburg, Claassen und Goverts, 1948〔エドムント・フッサール『経験と判断』長谷川宏訳、河出書房新社、一九七五年〕.

（2）失望〔*déception*〕[23]に訴えるにもかかわらず、フッサールの記述は心理学的分析ではなく超越論的な分析です。ご存知のとおり、フッサールにとって心理学的なものは、ベルクソンのように、究極的な準拠物でも究極的な実在でもありません。心理学的なものは超越論的主体によって構成された内世界的なものであり、それは「エポケー」によって「還元」されます。したがってフッサールの分析は、ここでは、ベルクソンによる否定の批判に見られるように、心理学的なものをもっとも根本的な存在に仕立て、実在の本質そのものとするような形而上学もしくは思弁的仮定から解放されています。この点については、すでに引用したテクストを思い起こしていただければと思います。

フッサールにとってあらゆる判断は、二次的な能動性の所産です。判断の究極的な地盤は受動的な信憑であり、前判断的で、それゆえ前批判的で素朴な、事物との密着状態〔adhésion〕であり、それら事物はわたしたちに、いわばつねに前もって与えられています。この信憑、つまり前もって与えられた世界との受動的で素朴な密着状態を、フッサールは「ドクサ」と呼びます。ここで「ドクサ」という言葉は、ギリシャ哲学のように、否定的な意味をもってはいませんが、ギリシャ哲学やプラトンにおいてそうであったように、とりわけエピステーメーとの対比から、現出するもの、わたしに与えられているものへの前判断的、前論理学的、前認識論的な密着状態を意味します。もちろん、〔ドクサという言葉は〕プラトンにおいては↓影〔を意味します〕。フッサールには、形而上学的なものはありません。それは、わたしが判断し、これこれは然々であると述べるに先立って、前もってわたしに与えられているような存在者そのものです。反省や判断に先立ってわたしは前もって、世界がそこにあり、わたしの外にはさまざまな事物が存在し、あらゆる肯定や真理、そしてあらゆる科学が、あらかじめ与えられたこの世界に準拠していることを知っています。このようなドクサにこそ、あらゆる「エピステーメー」は準拠しているのだというわけです。判断に先立つ生きられた先行所与〔prédonné vécu〕は「生活世界」における諸事物の重さであり、したがってあらゆる哲学的・科学的言明の尺度であり、根拠です。それゆえ、このような前判断的なウィは原初的で還元不可能な確信であって、この確信はそのようなものとしてあらゆる否定性から逃れます。とりわけ、錯覚や想像はすべて権利上、つねに知覚に与えられているものについてのこうしたドクサ的な確信を前提としています。お分かりだと思いますが、ここでわたしたちはアランの信念批判から遠く離れたところにいます。とはいえ、アランとフッサールは必ずしも両立不可能であるわけではありません。アランにおいて信念は判断にもとづい

(22) 草稿では、ここに次のような加筆があり、線で囲まれている。« Goblot et Bergson < un mot illisible > perception »〔ゴブロとベルクソン〔判読不能な語〕知覚〕.

(23) 草稿では、ここに « et au doute »〔と懐疑〕とあるが、削除されている。

て定義され、性急な判断として、つまり見かけ〔現われ〕にもとづく軽率で素朴な言語として定義されていました。アランの言う信念が判断ないし先行判断〔*pré-jugé*〕[24]、すなわち思いなしによって「あらかじめ判断されたもの」であったとすれば、フッサールにおいて根源的なドクサは、判断を条件づけ、それに先立つような前‐判断〔pré-judication〕であり、それは前もって与えられているものであって、それにもとづいて判断の論理学的な能動性は作動することになります。

さて。このような受動的な「ドクサ」という地盤のうえで、否定はいかにして現出するのでしょうか。こうした原初的な確信は、どのように否定へと変様するのでしょうか[25]。ここでもベルクソンにおいてと同様に、確信が否定に変わるのは「裏切られた期待」（九四頁）[26]のようななにかによってであるとされます。「対象に向けられた知覚関心は持続し〔perdurer〕」、対象はさらに観察され、観察されるよう与えられ続けるけれども、期待志向が充実されずに、失望が生じるといった場合がある」[27]。フッサールが取りあげている例は、形が一様で赤として知覚される球形です[28]。知覚はありありと知覚される意味から出発して、期待志向を与え、構成します。

つまり、わたしは自分が見ているものにもとづいて、自分の見ていないものを先取りし、球形の隠れた部分もまた形が一様で赤として「空虚に」思念しているわけです。わかっていると思いますが、これは、「球形のすべてが赤い」と判断し、そう述べる前の話です。しかしその場合[29]、球形の裏側が赤くなく緑であったり、一様ではなくくぼみ形であったりすると、わたしの期待は裏切られます。もっとも、わたしは球形をひとつの同じ球形として知覚しつづけており、志向の過程の統一が損なわれているわけではありません。同じ球形を知覚しているのは、依然としてわたしです。とはいえ、このような意味の統一はそれ自体において、その統一をある程度かき乱している部分的な削除訂正〔rature〕を含んでいます。それは「これではなくあれだ、〜というより〜だ」を含んでいるのです。わたしが先取りし期待していた赤は、つねに顕在的な知覚の成分を

---

(24) ここで草稿の余白に、デリダは « du genre »〔類の〕という語を加筆し、強調している。彼はこの語を線で、テクスト本文の「先行判断〔pré-jugé〕」という語に結びつけている。

(25) 草稿ではここに、デリダは次の文を加筆し、強調している。« Pas par passage en jugement »〔判断への移行によってではなく〕。

(26) デリダがここで指示しているのは、『経験と判断』のドイツ語版の頁数である。当時この書物はまだフランス語に翻訳されておらず、デリダは自分でテクストを翻訳している〔エドムント・フッサール『経験と判断』前掲書、七六頁〕。

(27) E. Husserl, *Erfahrung und Urteil : Untersuchungen zur Genealogie der Logik*, *op. cit.*〔同書、七六頁〕

(28) 草稿の行間には、括弧付きでおそらく « (sur sa face éclairée) »〔(注意の光があてられている面のうえでは)〕と思しき加筆がある。

(29) 草稿の行間には、次のような加筆がある。« ma perception s'étendant → »〔わたしの知覚が拡がる→〕。

なし、その知覚のなかで現われる意味ですが、この意味は「無効性〔nullité〕」や「非有効性〔invalabilité〕」という指標とともに現われるのです。以上の議論は、フッサールが記述したような時間化、つまり予持と把持の志向的弁証法としての時間化にもとづくことでしか可能ではありません。今とはつねにある緊張であり、その緊張の一方にはさきほど過ぎ去ったばかりで把持されているような、過ぎ去った今があります。というのも、過ぎ去った今が把持されていなかったなら、わたしたちは今の独自性、過去に対する今の顕在性を知覚することができないだろうからです。そして緊張のもう一方には、おのれの到来を告げ、予持という仕方で先取りされる今があります。さて、ここで、赤を先取りする期待の意味は、裏切られた――フッサールの言葉で言えば「廃棄された」（Aufhebung）――期待として、維持され、把持されています。その結果、知覚された緑やくぼみ形は「対立的」ないし「矛盾した」意味という様相をも呈しているのです。つまり、この意味ははじめに見てとられた性質を押しのけるものであるわけです（このような時間性は、アランにもベルクソンにも見られません）。

こうした記述は、外的対象の例についてのものではありますが、どんな対象についても類似の仕方で導入されえます。いずれにしてもこの記述が示しているのは、「否定がまずもって述定的判断の事柄ではなく、その原形式においては、受動的経験という前述定的な領域のうちにすでに現われている」[30]ということなのです。

それゆえ否定は、――肯定的であれ否定的であれ――判断に先立っています。このことは、さきほど見た諸困難（ラシュリエ－ベルクソン－ゴブロの衝突）を解決することを可能にします。とはいえ、否定は［あの］ドクサ的な確信には後続します。ドクサ的な確信は受動的で根源的なある種の肯定であり、それを否定は［判読不能な語］(31)するのではなく、修正します。ここからわたしたちは、**ノン**に対する**ウィ**の優位の真の意味を理解することができます。

実際、フッサールはこう書いています。否定は「つねに部分的な削除訂正であるが、**自らを維持する**ドクサ的な確信、要するに、**世界への**普遍的な信憑を地盤としている(32)」、と。

そのため、フッサールのこうした分析の帰結は、ベルクソンによる批判のそれと次の点で一致します。

（1）その帰結は**無**に、無のなんらかの積極性にどんな場も認めず、まして無になんらかの優位性を認めることはなおさらないという点。

(30) E. Husserl, *Erfahrung und Urteil: Untersuchungen zur Genealogie der Logik*, *op. cit.*, p. 97〔同書、七八頁〕.

(31) 草稿には判読不能な語がひとつあるが、おそらく « entérine »〔受け入れる〕である。

(32) E. Husserl, *Erfahrung und Urteil: Untersuchungen zur Genealogie der Logik*, *op. cit.*, p. 98〔同書、七九頁〕. 強調はデリダ。

（2）その帰結が失望の経験――ここでは志向的な経験――に訴えているという点。

しかし、次の点で、フッサールの分析の帰結は、ベルクソンの分析の彼方に向かおうとします。

（1）繰り返しになる危険をおかしてもう一度強調しておくと、フッサールの分析は心理学的なものではないという点。

（2）とりわけ、否定されるものの意味は客観的であるという点。否定されるものの意味は、主観的な幻想ではありません。これは、フッサールにおいて主観性の分析が非常に繊細で多岐に分化していることに起因します。

（3）否定的な経験（拒否、憎しみ‐無関心）

では、否定されるものの意味、あるいは無効にされ、削除訂正されるものの意味が客観的であるというのは、なにを意味するのでしょうか。この点をよく考えてみましょう。もちろん、この意味は実在的な（real）対象のなかにも、現にその存在が充実されているような赤と緑の球形のなかにもありません。したがって、否定されるものの意味は、世界のなかには存在しないのです。とはいえ、それは、わたしの主観性をなす実的な成分としてわたしのうちにも存在していません。というのも、わたしのうちにあるのは一連の可能なノエシスの作用だけであるからです。しかし、否定されるものの意味は、フッサールがノエマと呼ぶようなもののうちにあり、それは、思念されるものであり、わたしに現出するとおりの対象です。ところで、このノエマは（1）それ自身において〔dans sa chair〕、わたしの外に実在している世界のなかにある物自体ではありません。（2）またそれは、わたしの意識にとっての対象であるがゆえに、意識の実的な成分ではありません。ノエマは意識の志向的な成分であって実的な成分ではない、とフッサールは言っています。ところで、思い起こしてほしいのですが、赤い球形と緑の球形のあの対立は、一種の沈殿という資格で、この対立を形づくった失望の意味を把持しています。緑やくぼみ形を生じさせた失望があろうがなかろうが、それらは変わることなくあるというわけではありません。失望したあとで、期待され先取りされた赤や一様さを背景として、あるいはそれを削除訂正して、緑であったりくぼみ形であったりするのです。こうした否定性は緑やくぼみ形の意味に憑きまとっており、ノエマそのものの一部をなしています。ここには、いかなる矛盾もありません。なぜなら、ノエマには実的なものがなにひとつ無いからであり〔n'est *rien* de réel〕、それがひとつの意味だからです（意味と対象の否定性）。とはいえ、この無い〔*rien*〕は客観的な価値をもっています。このような分析に――ふたたび――照らして、世界全体の無化に関する『イデーンI』の有名な第四九節[33]を再考することもできるでしょう（できることなら、これから年度末まで、そうできればと思っています）。

　このようなフッサールの分析の限界にまで達したとき、サルトルが『存在と無』の「否定の起源」という大変素晴らしく興味深い章のなかで行った四つの非難をかろうじて理解できます（とはいえ、この章についてわたしはみなさんに、いくつかの鍵を提示することしかできませんが、ざっとテクストを読んでおくことをお勧めします）。今述べたような、わたしたちがかろうじて理解できる四つの非難を、サルトルはフッサールに向けますが、それは以下の二点をめぐるものです。

（1）サルトルはまず、意識の期待や投企のない否定や非存在は間違いなく存在しないだろうといって非存在を単なる主観の幻影に還元してはならないと付け加えます。〔こうしたタイプの議論は〕今しがた見てきたものでもあります。ところで、サルトルはフッサールのノエマがこの種の幻影であるとし、いわばベルクソンの咎の点からフッサールを非難します。彼は次のように書いています（『存在と無』四一頁）。「したがって、人間と世界との関係というこの原初的な根底のうえにはじめて否定が現われる、ということを否定するのは無駄であろう。世界は、それらの非存在をまずはじめに可能なものとして立てなかった者には、その非存在をあらわさない。だが、それでは、これらの非存在はまったくの主観性に還元されなければならないと言うべきだろうか。非存在は、ストア派の「レクトン」、あるいはフッサールの「ノエマ」などと同じような存在類型であって、その程度の重要性しかもたない、と言うべきだろうか。わたしたちは、そうは考えない」[34]。それゆえサルトルは、ノエマが実的に意識の一部をなさないことを強調するフッサールの主張を考慮しません。[35]

次に、（2）サルトルはフッサールが「擬物論的錯覚〔illusion chosiste〕」〔これはサルトルの表現です。〔『存在と無』〕六三頁を参照〕に陥っているのではないかと疑念を抱きます。擬物論的錯覚は、「空虚」であれ「充実」しているのであれこれまで記述してきたような志向を、〔空っぽであったり満たされていたりする〕容器〔*récipient*〕のようななにかに仕立てあげるのだとされます。彼は言います。「それらの志向は心的な性質のものである〔ここで、不当にも心理学の言語で語っているのはサルトルであって、フッサールではありません〕。したがってそれらを事物のように取り扱うのは誤りであろう。いいかえれば、まず与えられており、時と場合によって、空虚にもなり充実したものにもなりうるが、その本性からして空虚状態や充実状態とは無関係であるような、

(33)『イデーンI』第四九節「世界を無化しても残る残余としての絶対的意識」――E. Husserl, *Idées directrices pour une phénoménologie et une philosophie phénoménologique pures*, Paris, Gallimard, 1950, p. 160-164〔エトムント・フッサール『イデーン――純粋現象学と現象学的哲学のための諸構想 I－I』渡辺二郎訳、みすず書房、一九七九年、二〇九―二一四頁〕.

(34) Jean-Paul Sartre, *L'Être et le Néant*, Paris, Gallimard, 1953, p. 41-42〔ジャン＝ポール・サルトル『存在と無――現象学的存在論の試み（I）』松浪信三郎訳、ちくま学芸文庫、二〇〇七年、八〇―八一頁〕.

(35) 草稿でデリダはここに次のように書きこんでいる。« non-être, ni dans le monde ni dans la conscience, dans rapport, *transition*. (Sartre le dit ailleurs) »〔非存在は世界のうちにも意識のうちにもなく、関係、転換のうちにある〔別のところでサルトルはそう述べている〕〕.

容器のごときものとして取り扱うのは誤りであろう。フッサールは、この擬物論的錯覚から必ずしもつねに免れてはいなかったように思われる」(36)。

ところで、このような志向‐容器〔という考え方〕ほど、フッサールと無縁なものはないと言うべきでしょう。彼にとって志向は作用であって、容れもの〔contenant〕ではありません（いずれにしても、志向性はなによりもまずフッサールがこだわったもので、内容物〔contenus〕を斥けるものであったことを忘れてはならないでしょう）。それは作用、つまりノエシスをこうむるのであり、ノエシスは対象やノエマという相関項に先立って、あるいはそうした相関項なしには、決して存在しないのです(37)。

とはいえ、サルトルは否定の起源に関するもっとも鋭敏な記述を提示しています。彼は、あらゆる否定的表現の前判断的な特性を、そして否定の非判断的な起源を大いに、非常に具体的に強調しています（『経験と判断』は引用されていませんが、これは当時のフランスでこのテクストが知られていなかったからだと思います……）。彼は次のことを示してもいます。すなわち、「〔引用しますが〕わたしがその存在についての、その存在の仕方についての開示を期待する〔のは〕、問い以前の存在との親近性にもとづいてである。答えはウィ、もしくはノンであるだろう(38)」、と(39)。

このように、問いかけの態度、したがって否定の態度は、必ずしも問いかけの対話という状況にあるわけではありません。わたしは故障したエンジンに問いかけ、それが点火する、あるいはキャブレターが動くといった応答を期待することもできるのです。

したがって、非存在が問いかけの投企に結びついているのなら、それは**即自的**には存在していません。即自存在が無をそれ自身のうちで認めることは決してありません。即自存在は絶対的に充溢しており、破壊不可能です。たとえば、破壊や脆さはつねに人間によって存在にもたらされるのであり、両者は投企された意味であって、否定的な錯覚ではありません。同じことがあらゆる不在にも言えるのであり、不在の知覚は次のような二重の**無化**によって構成されます。（1）ある特定の不在の形態を知覚するために**背景**や世界全体を無化すること〔このカフェにはいないピエール[40]〕。そして（2）**形態**の無化〔「カフェにいると」期待されていたが、遅れてまだ現われていないピエールという形態。彼は、カフェや世界の充実さにおいて無です〕（〔『存在と無』の〕四五頁を読む？）。

（36）J.-P. Sartre, *L'Être et le Néant*, *op. cit.*, p. 63〔同書、一二六―一二七頁〕.

（37）草稿には « ↕ » という補足記号がある。

（38）J.-P. Sartre, *L'Être et le Néant*, *op. cit.*, p. 39〔同書、七五頁〕. 強調はデリダ。

（39）草稿でデリダは、引用のあとに « doxa »〔ドクサ〕という言葉を加筆し、強調している。

（40）これは『存在と無』〔第一章の〕第二節「否定」のなかでサルトルが取りあげた例である。――J.-P. Sartre, *L'Être et le Néant*, *op. cit.*, p. 44-45〔同書、八六―八七頁〕.

そのため、無は存在のうちにはなく、また存在という物でもありません。無のあり方は現前－不在であるような憑きまとうこと〔*hantise*〕です。否定が可能であるためには、無が存在に憑きまとっているのでなければなりません。とはいえ、無が存在しない、つまり無が即自的に存在するわけではないのと同じように、無は無化されるのであり、対自によって存在させられる〔*est été*〕のである、そうサルトルは言います。[41] そこで、世界全体の無化が対自によって可能であるために、対自はいかなるものであるべきかと問わなければなりません。ただし残念なことに、サルトルとともにこの問いをたどるだけの時間は、ここではわたしたちにはありません。この無化の能力は対自を自由として定義し、不安――サルトルはキェルケゴールとハイデガーにしたがい、両者を両立させながら不安を記述しています――（この点についても、サルトルにいくつかの問いをたてなければなりませんが）、つまり「自由そのものによる自由の反省的把握[42]」としての不安のなかでこそ、わたしは自分をまったく自由なもの――なぜなら、わたしは世界をその全体において構成し、無化の能力によってそれを越え出ることができるのだから――として捉えると同時に、（引用しますが）「わたし自身で世界の意味を世界に到来せしめないではいられないもの[43]」として自分を捉えるのです。このような不安から出発して、「なにも無いのではなく、むしろなにかが存在するのはなぜか」という問いがたてられます。[44] 不安からわたしは逃れることができません。というのも、逃れるという投企が前提としているのは、不安から逃れるまさにそのとき、わたしは自分が不安であると思っているということだからです。これは「自己欺瞞」と呼ばれるもので、続く章のなかでサルトルが問題にしている概念です。

締めくくりとして、サルトルが記述の途上でハイデガーを引用し、――いくつかの批判と手直しを行ったうえで――自分の意図のなかに組みこんでいることに注目しておきましょう。ところで、ハイデガーの「形而上学とはなにか」を簡単に参照するなら（それゆえ、彼の主要な立場のひとつに依拠するなら。みなさんにもこの非常に短く濃密なテクストを読むようお勧めします。一九三八年のコルバンの翻訳[45]があります）、おそらくハイデガーはサルトルの分析を斥け、さらにはフッサールの分析をも斥けたことでしょう。それには次のような理由がありますが、ここではその原

（41）J.-P. Sartre, *L'Être et le Néant*, *op. cit.*, p. 58〔同書、一一六頁〕.

（42）*Ibid.*, p. 77〔同書、一五五頁〕.

（43）*Ibid.*〔同書、一五六頁〕

（44）ここでデリダは、ハイデガーを読解するサルトルを敷衍している。――J.-P. Sartre, *L'Être et le Néant*, *op. cit.*, p. 53〔同書、一〇六頁〕.

（45）Martin Heidegger, *Qu'est-ce que la métaphysique ?*, traduction Henri Corbin, Paris : Gallimard, 1938〔マルティン・ハイデッガー「形而上学とは何であるか」、『道標』辻村公一・ハルトムート・ブッナー訳、ハイデッガー全集第9巻、創文社、一九八五年、一二一―一五〇頁〕.

理だけを示しておきましょう。フッサールとサルトルの分析の進み全体が否定と「無」の起源についての、これまで見てきたような分析にもとづくものであったにもかかわらず、これらの分析は最終的に、この起源をある存在者――フッサールでは意識や超越論的自我、サルトルでは対自や自由と呼ばれるもの――の投企や志向性のなかに位置づけます。ところで、数あるなかのひとりの存在者、数あるなかのひとつの存在者の類型――それが主体であれ対自であれ――は、存在者の全体の無化の原因ではありえません。というのも、〔ハイデガーにおいては〕仮定として、存在者は存在者の全体から締めだされているからです。この場合、このうえなく包括的で拡張された現象学的還元や、もっとも根源的な不安ですらつねに、世界全体、存在者の全体、人間や対自、意識も含めた存在の諸領域の全体を無化することができないのです。[46] そのため、伝統的な主観-客観の対立の刻印を色濃く残しているような、意識-世界、対自-即自といった対立を乗り越え、無を存在者の全体の無化として理解しなければなりません。こうした存在者の全体〔判読不能な語[47]〕の無化にもとづいて、存在者の存在が現われ、「なにも無いのではなく、むしろなにかが存在するのはなぜか」という問いが生起しうるのです。ハイデガーの不安がサルトルの言う不安ではありえず、さらにおそらくハイデガーが不安という主題を放棄した理由を考えてみると、この主題が依然として、人間や意識――それは存在の守り手であり、無の番人です――にあまりに依拠していたからだと言えるかもしれません（cf. ハイデガー的な注意深さとアランの注意深さ）。

以上に対して、フッサールとサルトルはおそらくこう答えるでしょう。超越論的主体や対自は存在者ではない、なぜならそれらは世界のなかに対象として存在しているわけではないからだ、と。[48]もちろん、そうです。だからこそ、ハイデガーは存在であれ存在者であれ、それらから出発するのを徐々に自らに禁ずるようになり、「存在と存在者の差異」、つまり存在的‐存在論的差異と彼が呼ぶものから出発するようにもなったのです。存在が自らを露わにしながらも存在者のうちに逃げ去るようなこの差異、[49]それこそが、これまでの長い、しかし非常に短いわたしたちの道のり――むしろそれは後退でもあったわけですが――の果てに、「思考すること、それはノンと言うことである」と語るアランを、本当の意味で理解することを可能にするでしょう。

---

(46) 行間に、« région »〔領域〕と思しき語が加筆されている。
(47) 草稿には判読できない語がふたつあるが、そのひとつはおそらく« étant »〔存在者〕である。行間に加筆されているが、判読できない語が行間のどこに位置するかは不明瞭である。これらの語は、文章の冒頭にある「無化〔néantisation〕」という語の後に位置しているように思われる。
(48) 行間に次のような文が加筆されている。« Région mais région privilégiée -*malentendu* = point de négation »〔領域ではあるが、特権的な領域‐誤解＝否定という点〕。
(49) 行間に次のような加筆がある。« différence : < un mot illisible qui est peut-être “ lien ” > et nénat de la négation »〔差異：［判読不能な語がひとつあるが、おそらく「結びつき」である］と否定の無〕。

UNIVERSITÉ DE PARIS

FACULTÉ DES LETTRES ET SCIENCES HUMAINES

HISTOIRE DE LA COLONISATION

17, RUE DE LA SORBONNE
PARIS (5e)

LE 16 19

[illegible]

"penser, c'est dire non".

[74]

本書 151 頁 1-8 行目

付録

カード1[1]

サルトル的な不安が「形而上学的」（存在論一般）ではありえないのは、なぜか

Cf.『存在と無』の終わり。存在論-形而上学の移行

（1）以下に提示するカード資料の順番は、カルフォルニア大学アーヴァイン校の批判理論アーカイヴにあるデリダ寄贈資料〔fonds Derrida〕の編成にしたがう。ここには可能なかぎり、デリダのカードを原本に見られるとおりに書き写している。

カード２

以下の点を思い起こす。

（１）前述定的な水準での記述は、否定の経験を憎しみ－嫌悪－恐怖、等々（情動）として理解することを可能にする。*Cf.* ハイデガーとサルトル。

（２）否定されるもの（赤い球形）の意味の根源性が措定されるのは、判断が語られるときである。

（３）ある領域のなかで存在が現われるために、存在が隠蔽される必然性を説明する。

カード3（表面／裏面）

デカルト、無と欠陥（『方法序説』第四部）

「わたしは次のように信じることができた。わたしはそれら［これらの諸観念］を無からえている、つまりわたしのなかに欠陥があるがゆえにそれらはわたしのうちにあるのだ、と[a]」。

パスカル（『幾何学的精神について』、一八一頁[b]）

「いずれも数ではない二つの単位がそれらの組み合わせによってひとつの数をつくるのと同じように、二つの拡がりの無が拡がりをつくりうるのだと主張する者たちがいる……。彼らに言い返さなければならない……各々の家は町ではないのに、千の家々がひとつの町を形作る……一軒の家はひとつの町ではないが、かといってそれは町の無ではない。ある物事でないことと、無であることのあいだには、差異があるのだ」。

サルトル　「無は存在しない……無は、それを支える存在によって無化される[2]」。
「人間は世界に無を到来させる存在である[3]」

（2）ここでデリダは、『存在と無』のなかでサルトルが語ったことを自分で敷衍している（*L'Être et le Néant, op. cit.*, p. 58〔ジャン＝ポール・サルトル『存在と無』、前掲書、一一六頁〕）。

（3）*Ibid.*, p. 60〔同書、一二〇頁〕.

カード4（表面／裏面）

ボシュエ

否定の力の積極性について、
論理学：不幸≠幸福ではないこと
不正≠正義ではないこと

ジグヴァルト

否定の観念は、積極的な心的内容の現前によってもその不在によっても規定されない。不在であるようなAを思考することは、まずもってそのAを思考することであり、したがってそのAを精神に現前させることである。

カント

論理学的な観点での否定の概念ではなく、超越論的な観点での実在。

ハミルトン　「肯定という同時的な概念なくして理解されうるような否定は存在しない。というのも、わたしたちは、否定されるものの存在という観念をもつことなく、事物が存在することを否定することはできないからである」[4]。

カント　『純粋理性批判』。「わたしたちの認識一般の内容という観点からすれば、……否定的な命題は、単に誤謬を禁じるということをそれ固有の機能としている」[5]。ベルクソンによって引用されたジグヴァルトの引用。

ラシュリエ　（論理学の平面のうえでの）ゴブロの批判につうじる　一六六―一六七頁[6]

（4）W. Hamilton, *Lectures on Metaphysics and Logics*, *op. cit.*, p. 216.

（5）ここでのデリダの引用は、『創造的進化』のなかでカントを引用したアンリ・ベルクソンからのものだと思われる（*L'Évolution créatrice*, *op. cit.*, p. 312, note 3〔アンリ・ベルクソン『創造的進化』、前掲書、xviii頁〕）。「Kant, *Critique de la raison pure*, 2ᵉ édition, p. 737. 「わたしたちの認識一般の内容という観点からすれば、……否定的命題は、単に誤謬を禁じるということをそれ固有の機能としている」。*Cf.* Sigwart, *Logik*, 2ᵉ édition, vol. I, p. 150 et suiv.」。

（6）E. Goblot, *Traité de logique*, *op. cit.*, p. 166-167.

ジグヴァルトの定式を逆転することができる。「このテーブルは白い」は、それが白くはないとあなたが考えうることを含んでいる。

ベルクソンに対して

> 「もし精神と思考がなにものかであり、*存在すること*が精神によって措定されることであるとするなら、精神は等しく自由に、どんな存在をも措定することができるし、どんなものでも措定するのを拒むことができる（あるいは少なくとも、抽象によって自らをなにも措定しないものと考えることもできるし、こうした自由を現に遂行するのとは無関係に、おのれ自身の自由を考えることもできる）。ベルクソン氏の指摘は、彼の実在論の観点から見れば、とりわけ本質に迫るものでまったく正しい。しかし、この指摘は彼の実在論そのものに背いている。無の観念は必然的に「自由」の観念をもたらし、「自由」の観念を確証しているのである（これは、わたしの言う意味での「自由」であって、ベルクソン氏の言う意味ではない）[7]」。

（7）J. Lachelier, « Annotations au vocabulaire de la Société française de philosophie », art. cité, p. 197-198. 強調はデリダ。

カード5（表面）

ハイデガー：実際上の先駆者［判読不能な語］：

（1）〈無い〉［Rien］はない＝！

（2）存在者から出発して一般的にたてられる問い？　しかし、この問いはいかにして可能なのか。ある存在者、たとえば人間、哲学、意識、等々はいかにして否定するにいたるのか。数あるなかのひとつの存在者（それが意識であれ対自であれ）から出発しても、それを理解することは決してできない。見なければならないもの、それは、存在者一般を思考するためには非存在者の可能性を思考する必要がある、ということだ。そのため、非存在一般の問いが問われる。この問いによってこそ、存在は告げ示される。

レヴィナス

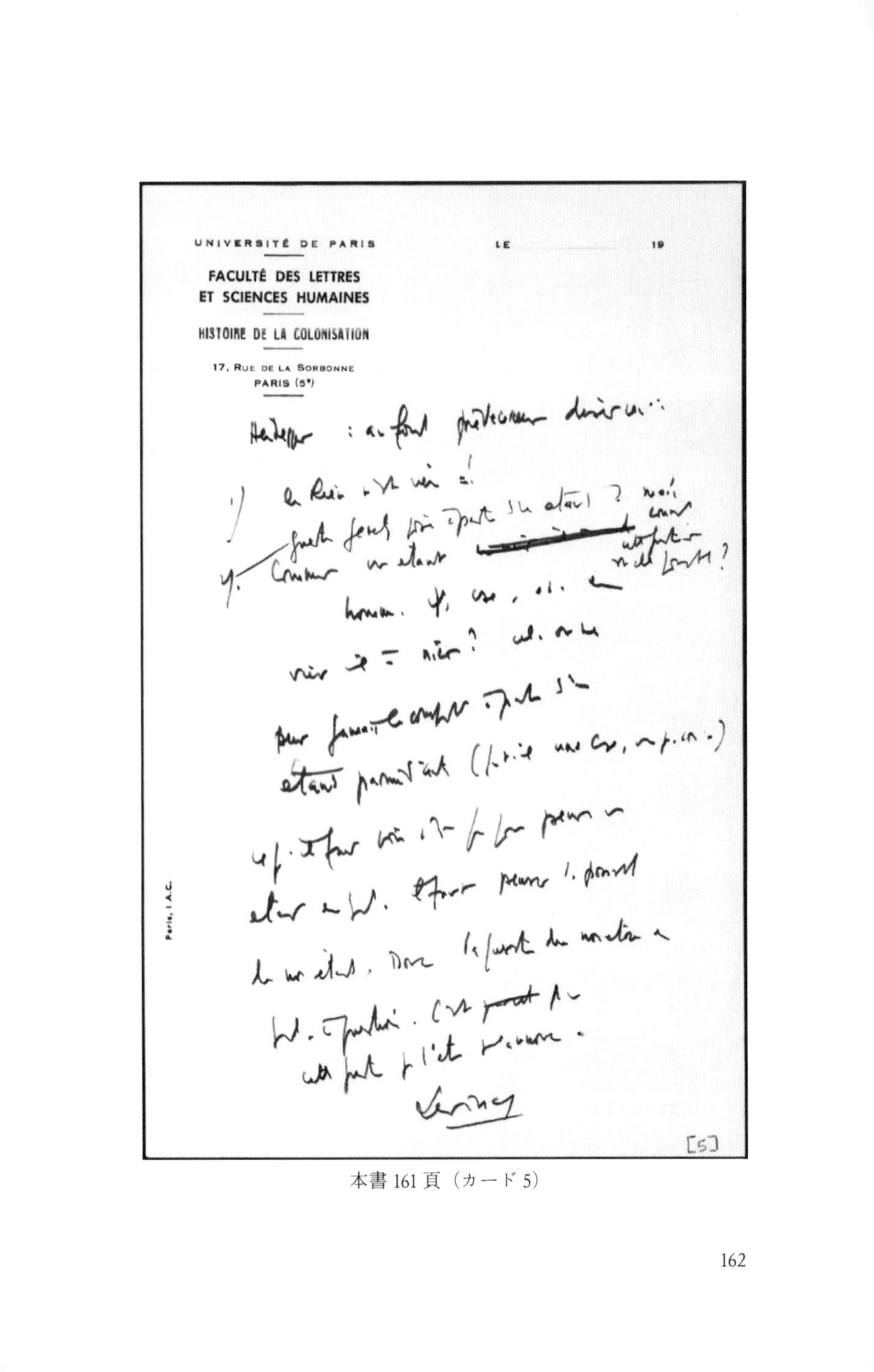

UNIVERSITÉ DE PARIS

LE 19

FACULTÉ DES LETTRES
ET SCIENCES HUMAINES

HISTOIRE DE LA COLONISATION

17, RUE DE LA SORBONNE
PARIS (5e)

Paris, I.A.C.

[5]

本書 161 頁（カード 5）

カード6（表面）

サルトルとともに、否定という前判断的な経験があることを忘れないこと

憎しみ – 等々

カード7（表面）

——否定の起源、

近代的な問いのバックグラウンド。

カント：否定的なものを重要視すること。

ヘーゲル：否定的なものの働き

（プラトン以前

＝否定＝規定

非存在—デカルト

＝欠如[8]）

起源：　論理学の手前へと再び下降しない

——ベルクソン（ラシュリエ）　批判なき　心理学的発生

——フッサール　心理学主義なき超越論的発生

——サルトル（意識を構成する否定性[9]、「即自」の優位性）。

結論　〈無い〉はない。出発点。

反転：ハイデガーの不安。

非存在者[10]。

時間性と否定。

（8）カードの冒頭からこの箇所まで、デリダはメモを線で削除している。

（9）草稿には、行間に次の文が書き加えられている。« mais négation “antérieure” au jugement »〔しかし、判断に「先立つ」否定〕.

（10）ここで「非存在者」のあとに« non-être de l'étant »〔存在者の非存在〕という語があるが、削除されている。

カード8（表面）

アランにおいてノンが、なんらかのより根本的なウィに支えられていないとすれば、意味は？

——価値論的なウィ

基礎は？(11)

否定の起源。

——「欠如的な無〔nihil privativum〕」と、「否定的な無〔nihil negativum〕」。

——存在論的なウィ。

（11）「基礎は？」は矢印で「存在論的なウィ」に結ばれている。

カード９（表面）

第二部：

あらゆる否定の基礎としてのウィ。

哲学の水準で≠懐疑。

プラ［トンの］イデアの否定性

意志がない→悪しき無

——懐疑主義

——デカルト　　カント？

——ニヒリズム？

——ラニョー

プラトン－マルブランシュ－

聖アウグスティヌス

第三部：ウィ、ウィが根源的なもののように現われるのだとしたら、どこでノンは生じるのか。

そして、それはなにを意味するのか。

——ベルクソン

——サルトル

——フッサール

——ゴブロ

——ハイデガー

——ビロー

カード10（表面）

アラン

これがわたしの信条である：
懐疑するためには、確実であらねばならない。二八〇頁[12]
「……わずかな懐疑ももたらさない神学は、もはや存在しないだろう。ある教父は言った。「異端者たちがいるのはよいことです」。疑うことがもはやできない精神が、精神の下方に落ちていくような語り口調。そのうえ聖者の徳は、徳についての英雄的な懐疑以外のなにであろうか[13]」。

（12） Alain, *Philosophie. Textes choisis pour les classes, op. cit.*, vol. 1, p. 280〔アラン『感情、情念、表徴』古賀照一訳、アラン著作集3、白水社、一九八一年、二七五頁〕.
（13） *Ibid.*, p. 283.

カード11（表面）

（3）

——信＝（信じやすさとは反対の［二五〇頁[14]］）意志的な信念。

「信念をもつことを拒む人々は、信の人間である[15]」。

——狂人とは、自らの心に浮かぶあらゆる思考を等しく評価する人間である（二五八頁[16]）。

——狂人とは、自らを信じる人間である（二五九頁[17]）。

——（横になった）機械的な思考（二六〇—二六二頁[18]）

——まず信じなければならない（ウィ）二六〇頁[19]

理性と思考

——「これまでつねにそうであったような、そしてこれからつねにそうであるような世界を想定しない意識はまったく存在しない[20]」。

（14）*Ibid.*, p. 250〔アラン『プロポ2』、前掲書、三九七頁〕.
（15）*Ibid.*, p. 260.
（16）*Ibid.*, p. 258〔アラン『人間論』原亨吉訳、アラン著作集4、白水社、一九八〇年、二八五頁〕.
（17）*Ibid.*, p. 259.
（18）*Ibid.*, p. 260-262〔アラン『宗教論』、アラン著作集9、前掲書、九〇―九二頁〕.
（19）*Ibid.*, p. 260〔同書、九〇頁〕.
（20）*Ibid.*, p. 26.

カード12（表面）

――内在≠身体と精神の二元論

　　ブラック

――信。

信のあと。

　　二重の批判

1――ノンと言うことはウィを前提している。

2――二元論。

信念　判断　内在、

精神－自然

精神－身体

カード13（表面）

カントにおける信念と信。

カード14（表面）

八、

（1）アラン。

（2）否定性と「スケプシス」。方法（道）

——懐疑主義。

——懐疑。

——「エポケー」。　？

実存的な拒否

自由

（3）否定

カード15（表面）

アラン
懐疑とは精神の塩である。[21]
思考の機能は決して委任されない。[22]

（21）*Ibid*., vol. 1, p. 277〔アラン『プロポ2』、前掲書、二五一頁〕.
（22）*Ibid*., p 277-278〔同書、二五二頁〕.

カード16（表面）

アランの批判。

ノンは事実としてあるもの〔être-fait〕へのノンである。

そのため、価値、つまりあらねばならないもの〔devoir-être〕への**ウィ**。

Cf. 信。

価値は［判読不能な複数の語[23]］ではない

同様に↓存在へのウィ〔ではない〕。

それゆえ、ノン≠根本的なものではない

ウィ［判読不能な二つの語[24]］

知覚－科学

（23）ここには、三つないし四つの判読不能な語がある。

（24）ここの判読不能な二つの語は、おそらく « non plus »〔もまた〔根本的では〕ない〕だと思われる。

UNIVERSITÉ DE PARIS LE 19

FACULTÉ DES LETTRES
ET SCIENCES HUMAINES

HISTOIRE DE LA COLONISATION

17, RUE DE LA SORBONNE
PARIS (5e)

Paris, I.A.C.

[16]

本書 177 頁（カード 16）

カード17（表面）

2、

思考すること。

「それは精神に現われるものを吟味し、精神の判断を停止し、精神自身を規制し、恣意に陥らないようにすることである。思考するとは、ひとつの観念からそれに対立するすべてのものに移り、すべての思想を現在の思想に関連づけることである。それゆえ、それは自然的な思考の拒否、根本的には自然の拒否であって、事実、自然が思考を判断することはない。したがって思考するこ とは、わたしたちのうちにあるすべてのことが現われてくるまでは必ずしも正しくない、と判断することである。それは長い仕事であり、あらかじめ打ちたてられた平和である[25]」。

「これが不信の精神であり、それこそが端的に言って精神である」（二五〇頁[26]）。

（25）Alain, *Philosophie. Textes choisis pour les classes, op. cit.*, vol. 1, p. 258〔アラン『定義集』、前掲書、一三七―一三八頁〕. 強調はデリダ。

（26）*Ibid.*, p. 250〔アラン『プロポ2』、前掲書、三九七頁〕.

カード18（表面）

——思考すること、それはウィ、と言うことである＝ラニョー

——無神論と〔判読不能な二つの語[27]〕

——承諾と眠り

——*Cf.* ヴァレリー　サルトル　ベルクソン
　　　フッサール

（27）草稿には判読不能な語が二つある。ひとつはおそらくギリシャ語である。もうひとつの語はおそらく« inspiration »〔着想、息吹き〕だと思われるが、こちらは矢印で〔前行の〕「ラニョー」に結びつけられている。

カード19（表面）

信念と真理

「要するに、精神がまだなにも行っていないのは、それがまだ目覚めていないからだとわたしは言っているのだ。わたしたちはたくさんの石を積み上げることを崇拝している。そして、真の信者たちは毎日もうひとつ石をもっていく。こうして、デカルトの墓標が建てられるのだ。思い切って行動しなければならないのだろう。しかし、わたしたちはなにもしない。わたしたちにはなにができるのだろうか。自由な判断からなる学説は、地中深くに埋没している。わたしに見えるのは、何人かの信者たちだけである。彼らは、真実であるものしか信じないことにためらいを感じている。しかし、わたしたちが信じているものは決して真ではないのだ」[28]。

　　二七四頁の残りの箇所すべて

二七七頁も参照

（28） Alain, *Philosophie. Textes choisis pour les classes, op. cit.*, vol. 1, p. 273. 強調はデリダ。

訳注

編者序文

（a）「文学・社会科学部（Faculté des lettres et sciences sociales）」と表記されているが、草稿の用紙を見ると「文学・人文科学部（FACULTÉ DES LETTRES ET SCIENCES HUMAINES）」と記載されている。

（b）「仮象とはなにか」（原題：« Qu'est-ce que l'apparence ? »）は、一九六一―一九六二年度にデリダがソルボンヌ大学で行った講義（全八回）のタイトルでもある。

（c）デリダは一九六一―一九六二年度および一九六三―一九六四年度に「ベルクソン――形而上学入門と無の観念」（原題：« Bergson : Introduction à la métaphysique et L'idée du néant »）と題した講義を行っている。

（d）IMEC（Institut Mémoires de l'édition contemporaine）はフランスのカーン郊外にあるアーカイヴ施設であり、デリダも含めてさまざまな哲学者・作家の資料が保管されている。

第一回

（a）バシュラールが「深みの印象」と「皮相な印象」に言及している箇所としては、以下のとおりである。

「文学作品の心理学がこれらの神話に根をおろしていることを証明するのは、当然ながら容易であろう。深い内面生活の心理学者とみなされるためには、深い感情について重々しくゆっくりと語りさえすればよいのであるから。心理学がいたるところで並べ立てておきながら、しかも結局は無内容なイマージュとしか呼応していない、あの深いという一語の使用をもし心理学に禁じたら、はたして感情の伝統的な心理学は存在可能であろうかと、問うてみてもよい。事実、深味というものの印象は、皮相な印象の域を出ないのである」（ガストン・バシュラール『科学的精神の形成――対象認識の精神分析のために』及川馥訳、平凡社、二〇一二年、一七〇頁）。

（b）「誕生の働き」の原語は « acte de naissance » であり、この言葉は一般に「出生証明」という意味で用いられる。ここでは文脈からして、意識が否定の働きによって生まれるということが問題とされているため、あえて「誕生の働き」と訳出した。

（c）原文では、「世界（monde）」、「圧制者（tyran）」、「説教者（prêcheur）」はそれぞれイタリックで表記されているが、これらは強調のためではなく、アランの術語であることを示すためのイタリックであると判断し、傍点を付すことはせずに「　」で括った。

（d）原語の « apparence » という言葉は「見かけ」や「仮象」という意味に加えて、「現われ」という意味もある。直後に「現象（phénomène）」という言葉が登場していることからも、デリダは « apparence » という言葉を「現われ」の問題に重ねている点に注意されたい。

（e）「水に映った逆さまの影」という表現については、本書五四頁で引用されているアランの『宗教についてのプロポ』の一節を参照されたい。

（f）「失望」という主題について、デリダは講義第四回でフッサールの『経験と判断』との関連から検討している。本書一三六頁以降を参照。

第二回

（a）「思考すること、それはノンと言うことである」の下にある（　）付きの番号は、アランの原典の負数を表すものではなく、講義回を表す番号であると思われる。講義第三回・第四回でも冒頭に「思考すること、それはノンと言うことである」というアランの一文の引用のあとに、それぞれ（3）・（4）と番号が付されている。

（b）いきなり（3）という番号で議論がはじまるが、これは講義第一回で検討されたノンをめぐる三つの形象――(1)「世界」へのノン、(2)「圧制者」へのノン、(3)「説教者」へのノン――のうち、(3)に対応するものだからだと考えられる。したがって、この箇所は第一回の最後で触れられた「説教者」へのノンに関する注釈の延長線上にあることに注意されたい。

(c)「フィアット(fiat)」は「かくあれ」を意味するラテン語。

(d)原文では、« *Zweifelsucht* = folie du doute » となっている。構造としては、「懐疑狂」を意味するドイツ語の « Zweifelsucht » とそれに対応するフランス語の « folie du doute » が「=」で結ばれている。そのため、この「=」はドイツ語とフランス語の翻訳関係を表したものと見なし、わかりやすさを考慮して、「懐疑狂=懐疑の狂気」のように直訳することはせず、「懐疑狂(Zweifelsucht)」と訳出するにとどめた。

(e)編者が述べるように、この箇所はブロシャールの『ギリシャの懐疑主義者たち』を踏まえたものである(編者注(44)を参照)。ディオゲネス・ラエルティオスの『ギリシア哲学者列伝』の対応箇所としては、以下を参照されたい。――ディオゲネス・ラエルティオス『ギリシア哲学者列伝(下)』加来彰俊訳、岩波書店、一九九四年、一六三―一六五頁。

第三回

(a)ジョルジュ・ブラック(一八八二―一九六三)はフランスの画家。ピカソとともに「キュビズム」という芸術運動を担った画家として知られる。

（b）「失語」と訳したフランス語の « aphasie » は、ギリシャ語の « aphasia » に由来し、「語ることができない」を意味する。前後の文脈からもわかるとおり、デリダはこの言葉を、懐疑主義者たちが判断保留によってどんな主張の権利（語る権利）をも容認しない、という意味で用いている。

（c）この箇所の原文は次のようになっている。« (≠ symétrique puisque nous avons vu qu'il était supposé par démonstration précédente) ». この箇所にある「≠」は、「実践的ニヒリズム」と「懐疑主義」が対称的な関係にはないことを示すためのものであると判断し、煩雑さを避けるために、そのまま「≠」で結ぶことはせず、このように訳している。

（d）この箇所は原文では « malheureux ≠ non heureux, injuste ≠ non juste » となっている。この箇所の「≠」は、この記号で結ばれる各項が等価関係にないことを示すものだと判断し、煩雑さを避けるためにこのように訳している。

（e）『創造的進化』のなかで「廃棄〔abolition〕」は、無の概念的な把握との関連で登場する言葉である。たとえば、ある対象がある場所に存在していて、その対象を取り去って空虚が残ると言うとき、対象を取り去ることが「廃棄」である。直後でデリダが注釈しているように、『創造的進化』のなかでベルクソンは「全体と部分」という観点から、無を概念的に捉えることができるとする立場に反論しており、そこで無を部分の廃棄として思考することはできても、全体の廃棄として思考することはできないとしている。——アンリ・ベルクソン『創造的進化』、前掲書、三二三—三二五頁を参照。

（f）《(R.I. Ph)》は、アンリ・ビローの論文が掲載された学術誌 *Revue internationale de philosophie* の略記だと思われる。

第四回

（a）エドモン・ゴブロ（一八五八―一九三五）はフランスの哲学者。はじめ論理学者として活動するが、後にブルジョワ階級の考察に取り組む。主な著作としては、『論理学概論（*Traité de logique*）』（一九一八）、『障壁と水準（*La barrière et le niveau*）』（一九二五）など。

（b）アンドレ・ラランド（一八六七―一九六三）はフランスの哲学者。ソルボンヌ大学で教鞭をとる傍らで、さまざまな哲学の雑誌の編集に携わり、カントやスペンサーに依拠して独自の哲学を展開した。編者が述べているように、ここでデリダが参照しているのは、ラランドの『哲学用語事典（*Vocabulaire technique et critique de la philosophie*）』に掲載された、ラシュリエによる「無」の項目である。

付録

（a）ルネ・デカルト『方法序説』谷川多佳子訳、岩波書店、一九九七年、四八頁。

（b）ブレーズ・パスカル「幾何学的精神について」佐々木力訳、『パスカル数学論文集』原亨吉訳、筑摩書房、二〇一四年、三六二―三六三頁。

訳者解説

本書は、Jacques Derrida, *Penser, c'est dire non*, édition établie par Brieuc Gérard, Paris, Seuil, 2022 の全訳である。本書は一九六〇―一九六一年度にソルボンヌ大学で行われた講義であり、デリダが準備した手書き草稿とメモ資料からなる。カルフォルリア大学アーヴァイン校図書館の批評理論アーカイヴとフランス・カーンの現代出版記憶保存館（IMEC）に保管されていた草稿は長らく未刊であったが、編者のブリュー・ジェラールによって活字化され、二〇二二年にスイユ社から出版された。

デリダと言えば、おそらく多くの人はまず「脱構築」という言葉を思い浮かべるだろう。西洋哲学の歴史を鋭く批判しながら、脱構築と呼ばれる思想を模索した哲学者――しかし、講義「思考すること、それはノンと言うことである」には、そのようなデリダはまだ登場しない。

講義を行っていた当時のデリダは、フランスのアカデミアにおいて知名度の高い存在では決してなかった。ソルボンヌ大学の一般哲学・論理学講座の助手を務めていたとはいえ、高等師範学校をでてからまだ数年しかたっておらず、この頃の彼は、授業の担当や口頭発表をとおしてキャリアを積んでいる駆けだしの研究者だったのである。デリダがジャン・カヴァイエス賞を受賞し、新進気鋭の現象学研究者としてその名を一躍有名にしたフッサールの『幾何学の起源』の翻訳と序文が出版されるのが一九六二年だから、この講義が行われた一九六〇―一九六一年度は、ちょうど『幾何学の起源』の翻訳と序文の執筆を進めていた頃である。それゆえ、講義「思考すること、それはノンと言うことである」は、一九五三―一九五四年度の学位論文『フッサール哲学における発生の問題』（出版は一九九〇年）と同じく、フランス思想界にデリダがデビューするまえのテクストである。

内容面から見ても、この講義はほかのテクストに比べて変わっている。デリダは自分の思想を語るうえでテクスト読解という方法を決して崩さなかったが、彼の思想に親しんでいる読者のなかには、ルソーやコンディヤックら一部の例外を除き、ヘーゲル、ニーチェ、フッサール、フロイト、ハイデガーなど、主にドイツ語圏の思想家たちが読解対象として選ばれることが多いというイメージをもつひとも多いだろう。しかし、この講義の主役はいわゆる3Hの思想家（ヘーゲル、フッサール、ハイデガー）でも、ニーチェでもフロイトでもない。アランこと、エミール＝オーギュスト・シャルティエ（一八六八―一九五一）である。この講義のタイトル「思考すること、それはノンと言うことである」は、もともとはアランの言葉であり、この言葉をとおして「思考すること（penser）」の身分を考えるのがこの講義のテーマである。そのような文脈からラシュリエやアランの師であるラニョー、ベルクソンやゴブロといった一九世紀後半から二〇世紀初頭のフランスの哲学者たちが参照され、いま名前が挙がった人々は、デリダの著作・論考ではあまり目にすることのない哲学者でもある。もちろん、デリダの読解対象としてはお馴染みのフッサールとハイデガー（さらにサルトル）にも多くの言及があり、加えてハミルトンやジグヴァルトといった哲学者たちが取りあげられている点も興味深い。こうした、ほかのテクストにはないリファレンスもこの講義の大きな特徴だと言えるだろう。

このように、講義「思考すること、それはノンと言うことである」は、書かれた時期からしても内容からしても、デリダの著作のなかで特異な位置を占めている。では、具体的に彼はこの講義で、どのように「思考すること」を問題にしているのか。概要を見てみよう。

この講義は、大きく分けて三つのパートからなる。

第一のパートは、「思考すること、それはノンと言うことである」というアランの言葉をめぐって、「思考」と「ノンと言うこと」の関係を彼の哲学断章（プロポ）にそって注釈していくパートである。知られるとおり、フランス語の « non » は、「はい」「そうだ」という肯定を表す « oui » の対となる言葉で、「いいえ」や「否」という否定を表す言葉である。デリダによれば、アランにおいて「思考」というテーマはウィとノン、あるいは肯定と否定の緊張関係にあるものであり、第一パートではアランにおける思考－ウィ－ノンの結びつきが問われる。

これら三者の関係を、デリダは三つの段階にわけて考察している。第一の段階では、「ウィと言うこと」としての思考と「ノンと言うこと」としての思考が、アランにおいて、それぞれいかなる特徴をもつのかが考察される（第一回）。デリダによれば、「ウィと言うこと」は目の前に現われたものや習慣的に自明とされていることをそのまま受けいれることを指すのだという。『宗教についてのプロポ』のなかでアランが「ウィというしるしは眠っている人間に属している」と述べるとき、念頭におかれているのはこうした受動的な態度であり、この点で「ウィと言うこと」は、見かけや権威を当たり前のものと見なして思考停止に陥るような「怠惰でどうしようもない眠りの無気力さ」（本書三二頁）である。それに対してノンは目の前に現われたものが見かけのものでないかどうかを吟味する意識の働きであり、この点で「ノンと言うこと」には眠りから脱するような否定の働きがある。「思考すること、それはノンと言うことである」とアランが語るとき、問題とされているのは意識の目覚めとしてのノンであり、そこに見られる思考の否定性の位置をたどることが、第一の段階のメインテーマになる。

では、なにに対してノンと言うのか。これが第二の段階の主題である（第一回後半〜第二回前半）。とはいえデリダによれば、そのように問うことには意味がない。なぜならアランにおいては、主体は自分の外にある対象に対してノンと言うわけではなく、見かけのものを正しいと信じていたかつての自分自身にノンと言うからである。この点で、アランにとって「否定すること（nier）」は対象（目的語）を必要とする他動詞ではなく、対象のない自動詞、もしくは否定の働きが自分自身にはねかえってくるような再帰的な動詞性をもつ。このような「ノンの根本的な自動詞性」（本書四三頁）を、デリダはアランの言う「世界」「圧制者」「説教者」という三つの形象のなかから読みとろうとする。

第三の段階では、これまでの考察を踏まえて、アランの立場がより明確にされる（第二回中盤）。アランにおいて、なんの吟味も介さずに現われや権威を肯定することが問題視されているのだとすれば、彼にとって「思考」とは「信念（croyance）」に対し「ノンと言うこと」である。アランが「ノンと言うこと」としての思考を「不信（incrédulité）」として特徴づけるのも、仮象や権威を疑うことなく肯定する「信じやすさ（crédulité）」であるような信念を批判するためである。したがって、アランの立場は「信念への徹底的な批判」（本書六〇頁）であるとともに、仮象や権威を疑うことからはじめる「懐疑の超徹底主義〔*ultraradicalisme*〕」（本書六五頁）でもある。

以上の三つの段階からアランにおける「ノンと言うこと」の地位を特徴づけることが第一のパートの主題であるとすれば、第二のパートの主題はそれまでの議論を踏まえて、アランにおけるウィとノンの位置をさらに掘り下げることである（第二回後半〜第三回前半）。第一のパートの第三段階で語られるように、アランは徹底した不信から出発する懐疑主義的な立場にたつが、デリダによれば、それはすべてを疑うことであらゆる主張を無効化するニヒリズムではない。たしかにアランは仮象や権威に対して徹底して不信の立場をとるが、それは見かけのものを鵜呑みにせずに真なるものへと向かうためでもあり、この点でアランの懐疑主義には依然として「真理への意志」（本書七五頁）が見られる。だとすれば、アランの徹底的な懐疑は仮象や権威へのノンであると言っても、そのノンの根底には真理へのウィ（デリダはこれを「価値論的なウィ」と呼ぶ）があることになる。では、単なる信念や信じやすさとは異なる真理への「信〔foi〕」の次元をどのように考えるべきか。こうした観点からデリダは、ピュロンの懐疑主義やデカルトの方法的懐疑、さらにはマルブランシュやラニョーらと対比しながら、アランにおける信念へのノンと、真理への信としての根本的なウィとの関係を考察する。

第三のパートでは、アランから離れてより哲学史的な視点からウィとノン、肯定と否定、さらには存在と無といった問題が扱われる（第三回後半～第四回）。デリダの考えでは、否定がどのように生じるのかという「否定の起源の問い」（本書九九頁）は、すでにプラトンのなかにも見られる問いであるとはいえ、この問いが前景化するのは近代以降である。デリダはその例として、肯定判断から否定判断が生じる過程を考察したハミルトンやジグヴァルトをまず取りあげるが、彼の考えでは、本当の意味で否定の起源を問うたのはベルクソンである。こうして一方でデリダは、

『創造的進化』でなされる「無」概念への批判と、それに対するラシュリエの反論をとりあげながら、否定と無をめぐる問題系を分析する。他方で彼は、ベルクソンと異なる仕方で「否定の起源」を問うた哲学者としてフッサールとサルトルの名をあげている。彼らの特徴は、能動的な判断に先立つ前述定的な経験の次元で否定や無を問題にした点にあり、デリダは、受動的ドクサという観点から否定の起源を論じたフッサールの『経験と判断』、さらにはフッサールとは異なる仕方で独自に否定と無の問題を思考したサルトルの『存在と無』に依拠しながら、否定と無の問題系を跡づけようとする。そして最終的に、ハイデガーの存在論的差異の思想に焦点があてられ、存在論的差異を考慮することが、「思考すること、それはノンと言うことである」というアランの言葉を本当の意味で理解することにつながると指摘されて、講義が締め括られる。

すでに述べたように、この講義は現在出版されているもののなかで最初期の講義であり、デリダが「脱構築の思想家」として世界的に知られる以前の時期のテクストである。この点で、この講義で語られた問題がどのように、『幾何学の起源』の序文や『グラマトロジーについて』につながっていくのかを考えながら読むのも面白いだろう。しかし、それ以上に、この講義は実際にソルボンヌ大学でデリダが授業のために準備した草稿でもある。今日ではデリダと言うとテクストを大胆な仕方で読んでなにか「新しい思想」を語っていくようなイメージが強く、もしかしたらこの講義も、後に「脱構築」と呼ばれるような、既存の文献解釈とは異なる特別な手法でアランのテクストを読んだ書物だと受けとられるかもしれない。だが、すでに見たように、この講義は「思考すること、それはノンと言うことである」という一文でアランがなにを想定しているのかということから話がはじまり、ピュロンやデカルトと対比しながらアランの懐疑主義の特徴を明示し、それをベルクソンやフッサール、サルトルらにつなげるというふうにして議論が進む。したがってこの講義で行われているのは、読解対象のテクストをまず注釈し、そこに潜む諸問題を抽出したうえで現代の哲学思想に開いていくという地道で丁寧なテクスト解釈である。フランスの哲学教育では学生たちは、あるテーマに対して自分自身で考察を行う小論文試験や、「テクスト説明（explication de texte）」と呼ばれる注釈の試験を受ける。この講義でも、おそらくは試験を控えているだろう学生のために指導を行っている箇所もあり（本書四三頁を参照）、その意味では編者が指摘するように、この講義は「形式面では教育の秩序に属する」（本書一三頁）。ここから垣間見えるのは、独自の観点からテクストを読んで新たな世界を切り拓くような「哲学者」というだけでなく、学生のためにテクスト分析を自ら実演しながら、その主要問題をひとつひとつ取りあげ、現代的な諸問題に結びつけながら学生の関心が拡がるよう工夫に工夫を重ねる、ひとりの教員の姿である。

もちろん、本書には以上のほかにも様々な論点が隠されている。アランをつうじて「思考とはなにか」を問うた本書が、読者自身の思考を促すきっかけとなれば、訳者としてはそれに勝る喜びはない。

本書の翻訳は訳者ひとりで担当したが、本書が完成にいたるまでには多くの方にお世話になった。まず、立命館大学で現在受入教員として訳者がお世話になっている亀井大輔先生に心より御礼を申し上げたい。訳者の突然のお願いにもかかわらず、亀井先生は翻訳のチェックを快く引き受けてくださり、多くの有益な指摘をくださった。また、先生はこの講義の草稿を直に閲覧されたことがあるそうで、本書の付録にあるカード資料について貴重なコメントもいただいた。記して感謝を申し上げる次第である。

そしてなにより、青土社の山口岳大さんに御礼を申し上げたい。そもそも、本書の翻訳は山口さんにお声がけいただいたことではじまった話だった。山口さんはフランス語の原書と照らし合わせながら訳文を丁寧にチェックしてくださり、山口さんのサポートがなければ本書が完成にいたることは決してなかった。心から感謝を申し上げたい。

二〇二三年一〇月三一日

松田智裕

タ行

ナ行

ハ行

マ行

ラ行

索　引

この人名索引では、ジャック・デリダのテクスト（付録を含む）に登場する人名のみ取り上げている。したがって、「編者序文」および、ページ下部〔本訳書では小口〕に付された、引用文献の厳密な書誌情報に関する注、ないし編者が加えた注は範囲に含まれていない〔モンテーニュやラシュリエなど、講義本文に登場するが、原書の索引で挙げられていない人名は、訳者で補足したことをお断りしておく（訳者)〕。

ア行

カ行

サ行

著　者

ジャック・デリダ（Jacques Derrida）

フランスの哲学者。1930年にアルジェリアに生まれる。ソルボンヌ大学、高等師範学校、社会科学高等研究院などで教鞭をとる。2004年没。はじめフッサール現象学の研究から出発し、後に「脱構築」と呼ばれる独自の思想を築く。著書に『幾何学の起源・序説』（1962年）、『声と現象』（1967年）、『グラマトロジーについて』（1967年）、『散種』（1972年）、『哲学への権利』（1990年）、『友愛のポリティックス』（1994年）、『ならず者たち』（2003年）など多数。

訳　者

松田智裕（まつだ・ともひろ）

立命館大学衣笠総合研究機構専門研究員。立命館大学大学院文学研究科博士後期課程修了。著書に『弁証法、戦争、解読——前期デリダ思想の展開史』（法政大学出版局）、訳書にジャック・デリダ『生死』（白水社、共訳）、マーティン・ヘグルンド『ラディカル無神論——デリダと生の時間』（法政大学出版局、共訳）。

Édition établie par Brieuc Gérard
Ce livre est publié dans la collection Bibliothèque Derrida
sous la direction de Katie Chenoweth.

思考すること、それはノンと言うことである
初期ソルボンヌ講義

2023 年 12 月 15 日　第 1 刷印刷
2023 年 12 月 31 日　第 1 刷発行

著者——ジャック・デリダ
訳者——松田智裕
発行者——清水一人
発行所——青土社
東京都千代田区神田神保町 1-29　市瀬ビル　〒 101-0051
（電話）03-3291-9831［編集］、03-3294-7829［営業］
（振替）00190-7-192955
印刷・製本——双文社印刷
組版——フレックスアート

装幀——水戸部 功
ISBN978-4-7917-7609-2　Printed in Japan